www.ingramcontent.com/pod-product-compliance
Lightning Source LLC
Chambersburg PA
CBHW041031050726
47599CB00018B/1927

الْمُسْتَوَى الثَّالِثُ: أَسَاسٌ مَتِين

Niveau 3: Een stevige basis

Titel: Van Alif tot Arabisch, Niveau 3 Een Stevige Basis

Samengesteld door: Redactie 'Van Alif tot Arabisch'

ISBN: 978-1-9168783-7-2

Eerste druk 2019 – Derde druk 2024

Noot:
Dit boek gaat samen met de online videocursus:
Van Alif tot Arabisch Niveau 3: Een Stevige Basis.
Scan de QR-code voor de cursusinformatie.

Voor meer informatie, vervolgcursussen,
vragen of suggesties, bezoek de website:
www.vanaliftotarabisch.nl

Of stuur een e-mail naar:
contact@vanaliftotarabisch.nl

Of app ons via WhatsApp:
+212 6 03 70 14 58 (Jasmina)

INHOUDSOPGAVE فهرس

VOORWOORD  مقدمة

Alle lof is aan Allah, De Heer der Werelden.
Moge de Vrede en Zegeningen zijn met onze Profeet Mohammed, de Arabische Profeet die gezonden is naar de gehele mensheid.

Vervolgens:

Arabisch leren is al lang eeuwenlang een prioriteit van vele moslims. Het is namelijk de taal van de Islaam, en de taal van de Qor'aan.

Geleerden, docenten en experts hebben zich van oudsher ingezet om dit doel te vergemakkelijken voor de beginnende studenten.

Wij hebben erg ons best gedaan om ons steentje bij te dragen voor het Nederlandstalige publiek.
In deze serie hebben wij onze jarenlange ervaring en observaties van allerlei verschillende lesmethodes samengevat om een beknopte, eenvoudige, leuke en omvattende methode te ontwerpen.

Compleet met de bijbehorende videocursus en online lesomgeving, is deze serie gemaakt om helemaal van thuis uit Arabisch te leren.

Na de grote enthousiasme waarmee de eerste en tweede druk zijn ontvangen alhamdulillaah, ligt hierbij de derde druk voor je met enkele verbeteringen, aanpassingen en toevoegingen.

Wij danken Allah die dit werk voor ons mogelijk heeft gemaakt.
Ten slotte geven wij dank aan alle auteurs die ons voor zijn gegaan, waar wij van hebben geleerd en waar dit werk grotendeels op is gebaseerd.
En natuurlijk aan iedereen die heeft geholpen aan het uitbrengen van dit boek.

En Alle lof is aan Allah alleen.

De redactie

GEBRUIKSINSTRUCTIES EN CURSUSINFO

- Bij dit boek hoort een vrolijke, leuke online cursus die bestaat uit:

Filmpjes   Eindquiz

Oefeningen   Certificaat

Spelletjes   Privé begeleiding

Quizzen   Huiswerk nakijken

Om meer over de cursus te weten kijk bij:

www.vanaliftotarabisch.nl/niveau-3

Of scan de QR-code om direct bij de cursus te komen.

- Bekijk eerst de videoles en maak de oefeningen op de site.
  Lees daarna zelf de les in het boek en maak de oefeningen.

- Ben niet te haastig: Ga pas naar het volgende lesje als je de
  gemaakte lesjes goed onder de knie hebt.

- Heb je hulp nodig of wil je jouw oefeningen laten nakijken?
  Mail naar: contact@vanaliftotarabisch.nl
  (of chat direct met de docente via de cursus!)

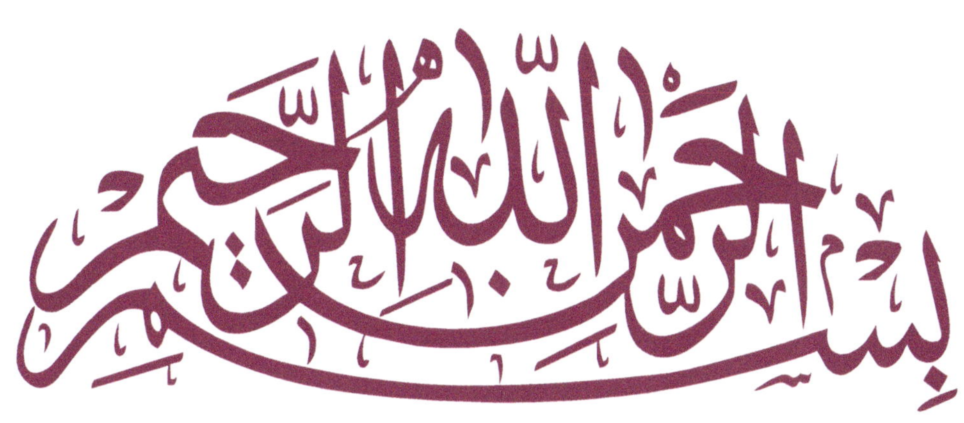

IN DE NAAM VAN ALLAH,
DE MEEST BARMHARTIGE, DE MEEST GENADEVOLLE

اَلْوَحْدَةُ 1 – بَيْتُ سَعِيدٍ

THEMA 1 – SA'IED'S HUIS

WAT GAAN WE LEREN:

- 25 nieuwe woordjes (+cijfers!).
- Dichtbij, veraf, om.
- Het onregelmatig meervoud.
- Het bijvoeglijk naamwoord voor het onregelmatig meervoud.
- Cijfers 1 t/m 100.
- Herhaling woordenschat niveau 2: studeren, kleding.
- Herhaling regels niveau 2: voorzetsels, cijfers, vragen.

هَيَّا نَبْدَأُ!

LESJE 1: HET HUIS VAN SA'IED   اَلدَّرْسُ الأَوَّلُ: بَيْتُ سَعِيدٍ

الْمَدِينَةُ النَّبَوِيَّةُ - وُرُودٌ - سُوقٌ - أَبْنَاءٌ

قَرِيبٌ - بَعِيدٌ - يَسْكُنُ - زَوْجَةٌ - عَنْ - مِنْ

LEZEN   اَلْقِرَاءَةُ

Luister en bekijk eerst de videoles, en lees dan zelf de zinnen.

Dit is het huis van Sa'ied.	هَذَا بَيْتُ سَعِيدٍ.
Het huis is in Medina.	اَلْبَيْتُ فِي الْمَدِينَةِ النَّبَوِيَّةِ.
Achter het huis is een tuin.	خَلْفَ الْبَيْتِ حَدِيقَةٌ.
In de tuin zijn mooie bloemen.	فِي الْحَدِيقَةِ وُرُودٌ جَمِيلَةٌ.
Het huis is dicht bij de moskee.	اَلْبَيْتُ قَرِيبٌ مِنَ الْمَسْجِدِ.
En het huis is ver van de markt.	وَالْبَيْتُ بَعِيدٌ عَنِ السُّوقِ.
Voor het huis is een weg.	أَمَامَ الْبَيْتِ طَرِيقٌ.
Op de weg is een auto.	عَلَى الطَّرِيقِ سَيَّارَةٌ.
De auto is van Sa'ied.	اَلسَّيَّارَةُ لِسَعِيدٍ.

Wie woont er in het huis?	مَنْ يَسْكُنُ فِي الْبَيْتِ؟
In het huis woont Sa'ied, en zijn echtgenote Layla.	يَسْكُنُ فِي الْبَيْتِ سَعِيدٌ، وَزَوْجَتُهُ لَيْلَى.
En in het huis wonen de kinderen van Sa'ied: Zayd en Halima, en Mohammed en Maryam.	وَيَسْكُنُ فِي الْبَيْتِ أَبْنَاءُ سَعِيدٍ: زَيْدٌ وَحَلِيمَةُ، وَمُحَمَّدٌ وَمَرْيَمُ.

HET ONREGELMATIG MEERVOUD   جَمْعُ التَّكْسِيرِ

Dit is één pen.	هَذَا قَلَمٌ وَاحِدٌ.
Dit zijn drie pennen.	هَذِهِ ثَلَاثَةُ أَقْلَامٍ.
Dit zijn vier huizen.	هَذِهِ أَرْبَعَةُ بُيُوتٍ.
Dit zijn vijf boeken.	هَذِهِ خَمْسَةُ كُتُبٍ.
Dit zijn zes moskeeën.	هَذِهِ سِتَّةُ مَسَاجِدَ.
Dit zijn zeven borden.	هَذِهِ سَبْعَةُ أَطْبَاقٍ.
Dit zijn acht dozen.	هَذِهِ ثَمَانِيَةُ صَنَادِيقَ.
Dit zijn negen glazen.	هَذِهِ تِسْعَةُ كُؤُوسٍ.
Dit zijn tien stoelen.	هَذِهِ عَشْرَةُ كَرَاسِيَّ.

BEGRIJPEN EN SCHRIJVEN — اَلْفَهْمُ وَالْكِتَابَة

1. Beantwoord de vragen.	.1 أُجِيبُ عَنِ الْأَسْئِلَة.

1. أَيْنَ الْبَيْتُ؟

....

2. مَاذَا أَمَامَ الْبَيْتِ؟

....

3. مَاذَا فِي الْحَدِيقَةِ؟

....

4. لِمَنِ السَّيَّارَةُ؟

....

4

5. كَمْ أَبْنَاءُ سَعِيدٍ؟

....

2. Vul het juiste antwoord in: ٢. أُكْمِلُ الْفَرَاغَ.

بَعِيدٌ - فِي - الطَّرِيقِ - قَرِيبَةٌ - الْبَيْتِ

١. الْأَبْنَاءُ .... الْحَدِيقَةِ

٢. السُّوقُ .... عَنِ الْمَسْجِدِ.

٣. الْوَرْدَةُ .... مِنَ الْبَيْتِ.

٤. يَسْكُنُ فِي .... سَعِيدٌ، وَزَوْجَتُهُ لَيْلَى.

٥. عَلَى .... سَيَّارَةٌ

3. Schrijf het getal in letters en in cijfers: ٣. أَكْتُبُ الْعَدَدَ بِالْحُرُوفِ وَالْأَرْقَامِ:

اثْنَانِ 2		ثَلَاثَةٌ ....3........	
.... 11		خَمْسَةٌ	
.... 7		اِثْنَا عَشَرَ	
.... 6		أَرْبَعَةٌ	
.... 9		ثَمَانِيَةٌ	

LESJE 2: IN SA'IEDS HUIS — اَلدَّرْسُ الثَّانِي: فِي بَيْتِ سَعِيد

غُرْفَةٌ - صَالَةٌ - غُرْفَةُ النَّوْمِ - غُرْفَةُ الطَّعَامِ
حَمَّامٌ - مِرْحَاضٌ - أَطْفَالٌ - وَاسِعٌ - ضَيِّقٌ

LEZEN — اَلْقِرَاءَةُ

Het huis van Sa'ied is groot.	بَيْتُ سَعِيدٍ كَبِيرٌ.
In het huis is een ruime woonkamer.	فِي الْبَيْتِ صَالَةٌ وَاسِعَةٌ.
Rechts is de keuken.	عَلَى الْيَمِينِ مَطْبَخٌ.
De keuken is groot.	اَلْمَطْبَخُ كَبِيرٌ.
Links is de badkamer en het toilet.	عَلَى الْيَسَارِ حَمَّامٌ وَمِرْحَاضٌ.
Dit is de eetkamer.	هَذِهِ غُرْفَةُ الطَّعَامِ.
En dit is de slaapkamer.	وَهَذِهِ غُرْفَةُ النَّوْمِ.
Dit is de kamer van Halima.	هَذِهِ غُرْفَةُ حَلِيمَةَ.
De kinderkamer is naast de kamer van Halima.	غُرْفَةُ الْأَطْفَالِ جَنْبَ غُرْفَةِ حَلِيمَةَ.

BIJVOEGLIJKE NAAMWOORDEN — أَوْصَافٌ

Dit is een klein huis.	هَذَا بَيْتٌ صَغِيرٌ.
Dit is een groot huis.	هَذَا بَيْتٌ كَبِيرٌ.
Dit is een kleine auto.	هَذِهِ سَيَّارَةٌ صَغِيرَةٌ.
Dit is een grote auto.	هَذِهِ سَيَّارَةٌ كَبِيرَةٌ.
Dit is een ruime keuken.	هَذَا مَطْبَخٌ وَاسِعٌ.
Dit is een nauwe/krappe keuken.	هَذَا مَطْبَخٌ ضَيِّقٌ.
Dit is een ruime kamer.	هَذِهِ غُرْفَةٌ وَاسِعَةٌ.
Dit is een nauwe/krappe kamer.	هَذِهِ غُرْفَةٌ ضَيِّقَةٌ.

HET ONREGELMATIG MEERVOUD — جَمْعُ التَّكْسِيرِ

Dit is een bord. Dit zijn borden.	هَذَا طَبَقٌ. هَذِهِ أَطْبَاقٌ.
Dit is een glas. Dit zijn glazen.	هَذَا كَأْسٌ. هَذِهِ كُؤُوسٌ.
Dit is een broek. Dit zijn broeken.	هَذَا سِرْوَالٌ. هَذِهِ سَرَاوِيلُ.
Dit is een jurk. Dit zijn jurken.	هَذَا فُسْتَانٌ. هَذِهِ فَسَاتِينُ.
Dit is een qamis. Dit zijn qamissen.	هَذَا قَمِيصٌ. هَذِهِ أَقْمِصَةٌ.

BEGRIJPEN EN SCHRIJVEN

ٱلْفَهْمُ وَالْكِتَابَة

1. Beantwoord de vragen.

١. أُجِيبُ عَنِ الْأَسْئِلَة.

١. هَلْ بَيْتُ سَعِيدٍ صَغِيرٌ؟

....

٢. أَيْنَ الْمَطْبَخُ؟

....

٣. مَاذَا عَلَى الْيَسَارِ؟

....

٤. مَا هَذِهِ؟

....

٥. لِمَنْ هَذِهِ الْغُرْفَةُ؟

....

٦. أَيْنَ غُرْفَةُ الْأَطْفَالِ؟

....

2. Kies het passende woordje.   ٢. أَخْتَارُ الْكَلِمَةَ الْمُنَاسِبَة

عَلَى – فَوْقَ – تَحْتَ – أَمَامَ – خَلْفَ - جَنْب

الْحَاسُوبُ .... الْمَكْتَبِ.

الْقَلَمُ .... الدَّفْتَرِ.

السَّلَّةُ .... الْبَابِ.

الشَّجَرَةُ .... الْمَسْجِدِ.

الطَّائِرَةُ .... الْمَكْتَبَةِ.

الْمَكْتَبُ .... السَّبُّورَةِ.

3. Schrijf het vrouwelijke werkwoord.   ٣. أَكْتُبُ الْفِعْلَ الْمُؤَنَّثَ.

١   مُحَمَّدٌ يَكْتُبُ.

٢   حَلِيمَةُ تَكْتُبُ.

٣   زَيْدٌ يَدْرُسُ.

٤   حَلِيمَةُ ....

٥   هُوَ يَقْرَأُ.

٦   هِيَ ....

٧   اَلْأَبُ يَشْرَبُ الْحَلِيبَ.

٨   اَلْأُمُّ .... الْحَلِيبَ.

٩   اَلْوَلَدُ يَسْكُنُ فِي الْبَيْتِ.

١٠   الْبِنْتُ .... فِي الْبَيْتِ.

LESJE 3: GETALLEN

اَلدَّرْسُ الثَّالِثُ: أَعْدَادٌ

قَلِيلٌ - كَثِيرٌ - طَوِيلٌ - قَصِيرٌ - قَدِيمٌ - جَدِيدٌ
عِشْرُونَ - ثَلَاثُونَ...

DE GETALLEN

اَلْأَعْدَادُ

تِسْعَةٌ وَعِشْرُونَ	29	عِشْرُونَ	20	أَحَدَ عَشَرَ	11
ثَلَاثُونَ	30	وَاحِدٌ وَعِشْرُونَ	21	إِثْنَا عَشَرَ	12
أَرْبَعُونَ	40	إِثْنَانِ وَعِشْرُونَ	22	ثَلَاثَةَ عَشَرَ	13
خَمْسُونَ	50	ثَلَاثَةٌ وَعِشْرُونَ	23	أَرْبَعَةَ عَشَرَ	14
سِتُّونَ	60	أَرْبَعَةٌ وَعِشْرُونَ	24	خَمْسَةَ عَشَرَ	15
سَبْعُونَ	70	خَمْسَةٌ وَعِشْرُونَ	25	سِتَّةَ عَشَرَ	16
ثَمَانُونَ	80	سِتَّةٌ وَعِشْرُونَ	26	سَبْعَةَ عَشَرَ	17
تِسْعُونَ	90	سَبْعَةٌ وَعِشْرُونَ	27	ثَمَانِيَةَ عَشَرَ	18
مِائَةٌ	100	ثَمَانِيَةٌ وَعِشْرُونَ	28	تِسْعَةَ عَشَرَ	19

BIJVOEGLIJKE NAAMWOORDEN   أَوْصَاف

Dit is een nieuw bureau.	هَذَا مَكْتَبٌ جَدِيدٌ.
Dit is een oud bureau.	هَذَا مَكْتَبٌ قَدِيمٌ.
Dit is een nieuwe tas.	هَذِهِ حَقِيبَةٌ جَدِيدَةٌ.
Dit is een oude tas.	هَذِهِ حَقِيبَةٌ قَدِيمَةٌ.
Dit zijn nieuwe huizen.	هَذِهِ بُيُوتٌ جَدِيدَةٌ.
Dit zijn oude huizen.	هَذِهِ بُيُوتٌ قَدِيمَةٌ.
Dit is een lange muur.	هَذَا سُورٌ طَوِيلٌ.
Dit is een korte muur.	هَذَا سُورٌ قَصِيرٌ.
Dit is een lange boom.	هَذِهِ شَجَرَةٌ طَوِيلَةٌ.
Dit is een korte boom.	هَذِهِ شَجَرَةٌ قَصِيرَةٌ.
Dit zijn weinig pennen/potloden.	هَذِهِ أَقْلَامٌ قَلِيلَةٌ.
Dit zijn veel pennen/potloden.	هَذِهِ أَقْلَامٌ كَثِيرَةٌ.
In de mand is één bloem.	فِي السَّلَّةِ وَرْدَةٌ وَاحِدَةٌ.
In de mand zijn veel bloemen.	فِي السَّلَّةِ وُرُودٌ كَثِيرَةٌ.

BEGRIJPEN EN SCHRIJVEN   اَلْفَهْمُ والْكِتَابَة

1. Beantwoord de vragen.   ١. أُجِيبُ عَنِ الْأَسْئِلَة.

1. أَيْنَ يَسْكُنُ سَعِيدٌ؟

....

2. هَلْ بَيْتُ سَعِيدٍ جَدِيدٌ؟

....

3. هَلْ أَمَامَ الْبَيْتِ حَدِيقَةٌ؟

....

4. هَلِ الْبَيْتُ بَعِيدٌ عَنِ الْمَسْجِدِ؟

....

5. لِمَنْ هَذِهِ الدَّرَّاجَةُ؟

....

6. مَاذَا خَلْفَ الشَّجَرَةِ؟

....

2. أُجِيبُ عَنِ الْأَسْئِلَةِ كَمَا فِي الْمِثَال:

2. Maak het juiste antwoord zoals in het voorbeeld:

كُؤُوسٍ – زُهُورٍ – أَقْلَامٍ – وُرُودٍ – مُصْحَفٌ وَاحِدٌ – أَبْوَابٍ

1 كَمْ كَأْسًا عَلَى الطَّاوِلَةِ؟

- عَلَى الطَّاوِلَةِ سِتَّةُ كُؤُوسٍ.

2 كَمْ زَهْرَةً فِي الْحَدِيقَةِ؟

....

3 كَمْ قَلَمًا فِي الْكَأْسِ؟

....

4 كَمْ وَرْدَةً عَلَى الْكِتَابِ؟

....

5 كَمْ مُصْحَفًا فِي الصُّنْدُوقِ؟

....

6 كَمْ بَابًا فِي الْمَسْجِدِ؟

....

.3 Vul het getal in letters of cijfers in: أَكْتُبُ الْعَدَدَ بِالْحُرُوفِ أو الْأَرْقام:

اِثْنَانِ وَعِشْرُونَ.	....
....	39
سَبْعَةٌ وأَرْبَعُونَ	....
....	56
أَرْبَعَةٌ وسِتُّونَ	....
....	72
خَمْسَةٌ وَثَمَانُونَ	....
....	99

اَلْوَحْدَةُ 2 – فِي الْبَيْتِ
THEMA 2 – IN HET HUIS

WAT GAAN WE LEREN:

- 25 nieuwe woordjes.
- Het tweevoud (mannelijk en vrouwelijk).
- "dit" voor het tweevoud (mannelijk en vrouwelijk).
- De zin beginnen met het werkwoord.
- De vrouwelijke kleuren.
- Een vraag maken met: 'wat doet...?'
- Herhaling niveau 2: kleuren, eten, werkwoorden.
- Herhaling: mijn, zijn, haar.

LESJE 4: DE KEUKEN   اَلدَّرْسُ الرَّابِعُ: الْمَطْبَخُ

هَذَانِ - تُجَهِّزُ - سَمَكٌ - تَقْطَعُ - إِبْرِيقٌ - مِلْعَقَةٌ - شَوْكَةٌ - سِكِّينٌ - عَصِيرٌ

LEZEN	اَلْقِرَاءَةُ
Layla is in de keuken.	لَيْلَى فِي الْمَطْبَخِ.
Layla bereidt het eten.	لَيْلَى تُجَهِّزُ الطَّعَامَ.
Op de tafel is een bord.	عَلَى الطَّاوِلَةِ طَبَقٌ.
Op het bord is vis.	عَلَى الطَّبَقِ سَمَكٌ.
Layla bereidt de vis.	لَيْلَى تُجَهِّزُ السَّمَكَ.
Op de tafel is een kan.	عَلَى الطَّاوِلَةِ إِبْرِيقٌ.
In de kan is sap.	فِي الْإِبْرِيقِ عَصِيرٌ.
Naast de kan is een glas.	جَنْبَ الإِبْرِيقِ كَأْسٌ.
In het glas is sap.	فِي الْكَأْسِ عَصِيرٌ.
Mohammed drinkt het sap.	مُحَمَّدٌ يَشْرَبُ الْعَصِيرَ.
Het sap is lekker.	الْعَصِيرُ لَذِيذٌ.

Dit is een mes.	هَذَا سِكِّينٌ.
De moeder snijdt het brood met het mes.	اَلْأُمُّ تَقْطَعُ الْخُبْزَ بِالسِّكِّينِ.
Dit is een lepel.	هَذِهِ مِلْعَقَةٌ.
Maryam eet de rijst met de lepel.	مَرْيَمُ تَأْكُلُ الْأَرُزَّ بِالْمِلْعَقَةِ.
Dit is een vork.	هَذِهِ شَوْكَةٌ.
Zayd eet het fruit met de vork.	زَيْدٌ يَأْكُلُ الْفَاكِهَةَ بِالشَّوْكَةِ.

HET TWEEVOUD   المُثَنَّى

Dit zijn twee glazen.	هَذَانِ كَأْسَانِ.
Dit zijn twee borden.	هَذَانِ طَبَقَانِ.
Dit zijn twee messen.	هَذَانِ سِكِّينَانِ.
Dit zijn twee deuren.	هَذَانِ بَابَانِ.
Dit zijn twee dozen.	هَذَانِ صُنْدُوقَانِ.
Dit zijn twee bureaus.	هَذَانِ مَكْتَبَانِ.

Wat doet Zayd?	مَاذَا يَفْعَلُ زَيْدٌ؟
Zayd schrijft de les.	زَيْدٌ يَكْتُبُ الدَّرْسَ.
Wat doet Halima?	مَاذَا تَفْعَلُ حَلِيمَةُ؟
Halima studeert de Arabische taal.	حَلِيمَةُ تَدْرُسُ اللُّغَةَ الْعَرَبِيَّةَ.

BEGRIJPEN EN SCHRIJVEN — اَلْفَهْمُ والْكِتَابَة

1. Beantwoord de vragen. — ‎1. أُجِيبُ عَنِ الْأَسْئِلَة.

1. أَيْنَ لَيْلَى؟

....

2. مَاذَا تَفْعَلُ لَيْلَى؟

....

3. مَاذَا عَلَى الطَّبَقِ؟

....

4. أَيْنَ الْكَأْسُ؟

....

5. مَنْ يَشْرَبُ الْعَصِيرَ؟

....

6. هَلِ الْعَصِيرُ لَذِيذٌ؟

....

2.أ.أَخْتَارُ الْكَلِمَةَ المُنَاسِبَةَ:

2. Schrijf het passende woordje:

الْفَاكِهَة – الطَّبَقِ – شَوْكَةٌ – الإِبْريقِ – الْخُبْزَ – سِكّينٌ

1. فِي .... عَصيرٌ.

2. عَلَى .... سَمَكٌ.

3. الأُمُّ تَقْطَعُ .... بِالسِّكّينِ.

4. جَنْبَ الطَّبَقِ .... وَ ....

5. يَأْكُلُ زَيْدٌ .... بِالشَّوْكَةِ.

٣.   أُجِيبُ عَنِ الْأَسْئِلَةِ:

3. Kijk naar het plaatje en beantwoord de vragen. Gebruik daarbij de woorden bovenaan.

يَأْكُلُ – يَقْرَأُ – تَدْرُسُ – تُجَهِّزُ

١.   مَاذَا يَفْعَلُ مُحَمَّدٌ؟

- مُحَمَّدٌ يَأْكُلُ التَّمْرَ.

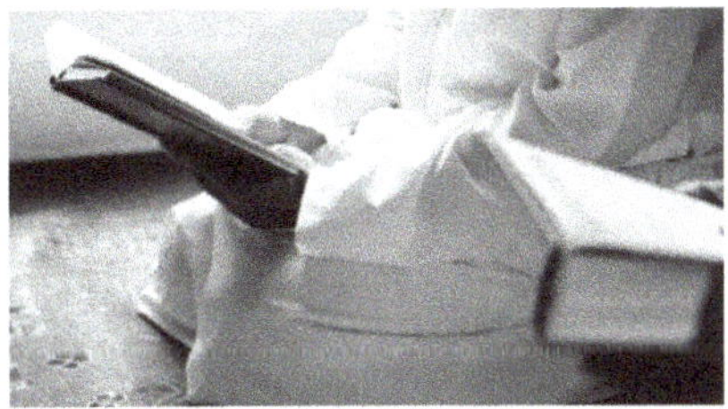

٢.   مَاذَا يَفْعَلُ سَعِيدٌ؟

....

٣.   مَاذَا تَفْعَلُ حَلِيمَةُ؟

....

٤.   مَاذَا تَفْعَلُ لَيْلَى؟

....

4. أَكْتُبُ المُثَنَّى: 4. Schrijf het tweevoud:

هَذَانِ كَأْسَانِ.   هَذَا كَأْسٌ.

 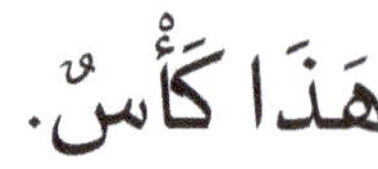

.... هَذَا سِكِّينٌ.

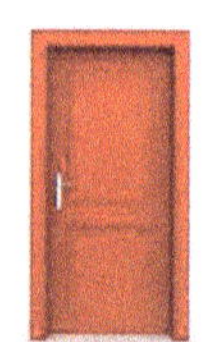 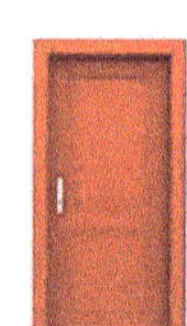

.... هَذَا بَابٌ.

 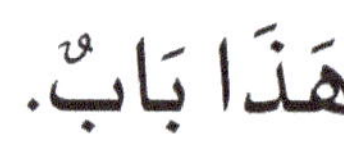

.... هَذَا إِبْرِيقٌ.

.... هَذَا قَمِيصٌ.

.... هَذَا سِرْوَالٌ.

.... هَذَا مَطْبَخٌ.

LESJE 5: DE SLAAPKAMER   اَلدَّرْسُ الْخَامِسُ: غُرْفَةُ النَّوْمِ

سَرِيرٌ - وِسَادَةٌ - غِطَاءٌ - مِرْآةٌ - يَنَامُ الطِّفْلُ - حَائِطٌ - هَاتَانِ

LEZEN   اَلْقِرَاءَةُ

Dit is een slaapkamer.	هَذِهِ غُرْفَةُ النَّوْمِ.
In de kamer is een bed.	فِي الْغُرْفَةِ سَرِيرٌ.
Op het bed is een kussen.	عَلَى السَّرِيرِ وِسَادَةٌ.
En op het bed is een deken.	وَعَلَى السَّرِيرِ غِطَاءٌ.
In de kamer is een klein bedje.	فِي الْغُرْفَةِ سَرِيرٌ صَغِيرٌ.
Het kind slaapt in het bedje.	يَنَامُ الطِّفْلُ فِي السَّرِيرِ.
In de kamer is een grote kast.	فِي الْغُرْفَةِ خِزَانَةٌ كَبِيرَةٌ.
In de kast zijn de kleren van de kinderen.	فِي الْخِزَانَةِ ثِيَابُ الْأَطْفَالِ.
Aan de rechterkant zijn kleren van Mohammed.	عَلَى الْيَمِينِ ثِيَابُ مُحَمَّدٍ.

En aan de linkerkant zijn kleren van Maryam.	وَعَلَى الْيَسَارِ ثِيَابُ مَرْيَمَ.
Aan de muur is een spiegel.	عَلَى الْحَائِطِ مِرْآةٌ.
De spiegel is groot.	اَلْمِرْآةُ كَبِيرَةٌ.

HET TWEEVOUD — الْمُثَنَّى

Dit is een raam. Dit zijn twee ramen.	هَذِهِ نَافِذَةٌ. هَاتَانِ نَافِذَتَانِ.
Dit is een tafel. Dit zijn twee tafels.	هَذِهِ طَاوِلَةٌ. هَاتَانِ طَاوِلَتَانِ.
In de slaapkamer zijn twee ramen.	فِي غُرْفَةِ النَّوْمِ نَافِذَتَانِ.
Op het bed zijn twee kussens.	عَلَى السَّرِيرِ وِسَادَتَانِ.
In de koelkast zijn twee sinaasappels.	فِي الثَّلَّاجَةِ بُرْتُقَالَتَانِ.
In het huis zijn twee kamers.	فِي الْبَيْتِ غُرْفَتَانِ.
Voor de boom zijn twee fietsen.	أَمَامَ الشَّجَرَةِ دَرَّاجَتَانِ.
Op de weg zijn twee auto's.	عَلَى الطَّرِيقِ سَيَّارَتَانِ.
Op de tafel zijn twee appels.	فَوْقَ الطَّاوِلَةِ تُفَّاحَتَانِ.

DIALOOGJE

حِوَارٌ

De vader: Van wie is deze pen?	اَلْأَبُ: لِمَنْ هَذَا الْقَلَمُ؟
Mohammed: Dit is mijn pen, vader!	مُحَمَّدٌ: هَذَا قَلَمِي يَا أَبِي!
De vader: Is deze tas van Zayd?	اَلْأَبُ: هَلْ هَذِهِ الْحَقِيبَةُ لِزَيْدٍ؟
Mohammed: Ja, dit is zijn tas.	مُحَمَّدٌ: نَعَمْ. هَذِهِ حَقِيبَتُهُ.
De vader: En is dit boek van Halima?	اَلْأَبُ: وَهَلْ هَذَا الْكِتَابُ لِحَلِيمَةَ؟
Mohammed: Ja, dit is haar boek.	مُحَمَّدٌ: نَعَمْ. هَذَا كِتَابُهَا.

BEGRIJPEN EN SCHRIJVEN

اَلْفَهْمُ والْكِتَابَة

---

1. Beantwoord de vragen.

١. أُجِيبُ عَنِ الْأَسْئِلَة.

٧. مَاذَا فِي غُرْفَةِ النَّوْمِ؟

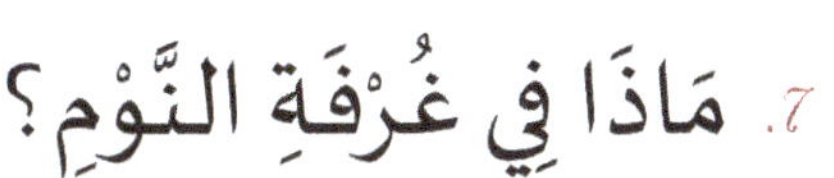

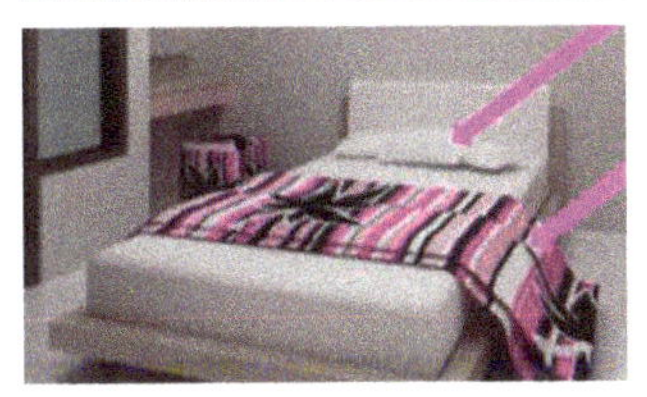

٨. مَاذَا عَلَى السَّرِيرِ؟

9. أَيْنَ الثِّيَابُ؟

....

10. مَاذَا عَلَى الْحَائِطِ؟

....

11. هَلِ الْمِرْآةُ كَبِيرَةٌ؟

....

2. أَخْتَارُ الْكَلِمَةَ الْمُنَاسِبَةَ:   2. Kies het passende woordje.

صَالَةٌ – الأَطْفَالِ – وخِزَانَةٌ – ثِيَابُ – الْمَسْجِدِ

1. فِي الْبَيْتِ .... وَاسِعَةٌ.

2. غُرْفَةُ .... جَنْبَ غُرْفَةِ حَلِيمَةَ.

3. الْبَيْتُ قَرِيبٌ مِنَ ....

4. فِي غُرْفَةِ النَّوْمِ سَرِيرٌ ....

5. عَلَى الْيَمِينِ .... مُحَمَّدِ.

3. Verander de zinnen naar het tweevoud: ٣. أُغَيِّرُ الجُمْلَةَ إِلَى المُثَنَّى

١. هَذَا دَفْتَرٌ صَغِيرٌ.

....

٢. هَذَا بَيْتٌ قَدِيمٌ.

....

٣. هَذَا فُسْتَانٌ جَمِيلٌ.

....

٤. هَذِهِ شَجَرَةٌ طَوِيلَةٌ.

....

٥. هَذِهِ مَكْتَبَةٌ كَبِيرَةٌ.

....

٦. هَذِهِ حَقِيبَةٌ جَدِيدَةٌ.

....

LESJE 6: DE WOONKAMER   اَلدَّرْسُ السَّادِسُ: اَلصَّالَةُ

هُمَا - أَرِيكَةٌ - زَهْرِيَّةٌ - بِسَاطٌ - سِتَارَةٌ
مِصْبَاحٌ - قِطَّةٌ - سَقْفٌ - حَمْرَاءُ...

LEZEN   اَلْقِرَاءَةُ

Halima is in de woonkamer.	حَلِيمَةُ فِي الصَّالَةِ.
Halima zit op de bank.	تَجْلِسُ حَلِيمَةُ عَلَى الْأَرِيكَةِ.
Naast de bank is een tafel.	جَنْبَ الْأَرِيكَةِ طَاوِلَةٌ.
De tafel is klein.	اَلطَّاوِلَةُ صَغِيرَةٌ.
Op de tafel is een lamp.	عَلَى الطَّاوِلَةِ مِصْبَاحٌ.
En op de tafel is een vaas.	وَعَلَى الطَّاوِلَةِ زَهْرِيَّةٌ.
In de vaas zijn rode bloemen.	فِي الزَّهْرِيَّةِ وُرُودٌ حَمْرَاءُ.
Halima leest het boek.	تَقْرَأُ حَلِيمَةُ الْكِتَابَ.
Voor het raam is een gordijn.	أَمَامَ النَّافِذَةِ سِتَارَةٌ.
Het gordijn is wit.	اَلسِّتَارَةُ بَيْضَاءُ.

In de woonkamer zijn twee grote ramen.	فِي الصَّالَةِ نَافِذَتَانِ كَبِيرَتَانِ.
In de woonkamer is een mooi tapijt.	فِي الصَّالَةِ بِسَاطٌ جَمِيلٌ.
De kleur van het tapijt is blauw.	لَوْنُ الْبِسَاطِ أَزْرَقُ.
Op de bank is een poes.	عَلَى الْأَرِيكَةِ قِطَّةٌ.
De poes slaapt op het kussen.	اَلْقِطَّةُ تَنَامُ عَلَى الْوِسَادَةِ.

BEGINNEN MET EEN WERKWOORD   الِابْتِدَاءُ بِالْفِعْلِ

Halima snijdt de peer.	حَلِيمَةُ تَقْطَعُ الْإِجَّاصَةَ.
Halima snijdt de peer.	تَقْطَعُ حَلِيمَةُ الْإِجَّاصَةَ.
Zayd studeert de Arabische taal.	زَيْدٌ يَدْرُسُ اللُّغَةَ الْعَرَبِيَّةَ.
Zayd studeert de Arabische taal.	يَدْرُسُ زَيْدٌ اللُّغَةَ الْعَرَبِيَّةَ.

DE VROUWELIJKE KLEUREN   اَلْأَلْوَانُ الْمُؤَنَّثُ

Dit is een rode pen.	هَذَا قَلَمٌ أَحْمَرُ.
Dit is een rode bloem.	هَذِهِ وَرْدَةٌ حَمْرَاءُ.
Dit is een groene lamp.	هَذَا مِصْبَاحٌ أَخْضَرُ.

Dit is een groene bank.	هَذِهِ أَرِيكَةٌ خَضْرَاءُ.
Dit is een blauw tapijt.	هَذَا بِسَاطٌ أَزْرَقُ.
Dit is een blauwe bal.	هَذِهِ كُرَةٌ زَرْقَاءُ.
Dit is een geel bed.	هَذَا سَرِيرٌ أَصْفَرُ.
Dit is een gele bloem.	هَذِهِ زَهْرَةٌ صَفْرَاءُ.
Dit is een witte qamis/bloes.	هَذَا قَمِيصٌ أَبْيَضُ.
Dit is een wit gordijn.	هَذِهِ سِتَارَةٌ بَيْضَاءُ.
Dit is een zwarte computer.	هَذَا حَاسُوبٌ أَسْوَدُ.
Dit is een zwarte tas.	هَذِهِ حَقِيبَةٌ سَوْدَاءُ.

NOG MEER KLEUREN!   أَلْوَان أُخْرَى !

Dit is een bruine doos.	هَذَا صُنْدُوقٌ بُنِّيٌّ.
Dit is een bruine kast.	هَذِهِ خِزَانَةٌ بُنِّيَّةٌ.
Dit is een roze deken.	هَذَا غِطَاءٌ وَرْدِيٌّ.
Dit is een roze kussen.	هَذِهِ وِسَادَةٌ وَرْدِيَّةٌ.
Dit is een paarse jurk.	هَذَا فُسْتَانٌ بَنَفْسَجِيٌّ.

Dit is een paars horloge.	هَذِهِ سَاعَةٌ بَنَفْسَجِيَّةٌ.
Dit is een oranje bord.	هَذَا طَبَقٌ بُرْتُقَالِيٌّ.
Dit is een oranje lepel.	هَذِهِ مِلْعَقَةٌ بُرْتُقَالِيَّةٌ.

BEGRIJPEN EN SCHRIJVEN — اَلْفَهْمُ والْكِتَابَة

1. Beantwoord de vragen. — ١. أُجِيبُ عَنِ الْأَسْئِلَةِ.

١. أَيْنَ تَجْلِسُ حَلِيمَةُ؟

....

٢. أَيْنَ الطَّاوِلَةُ؟

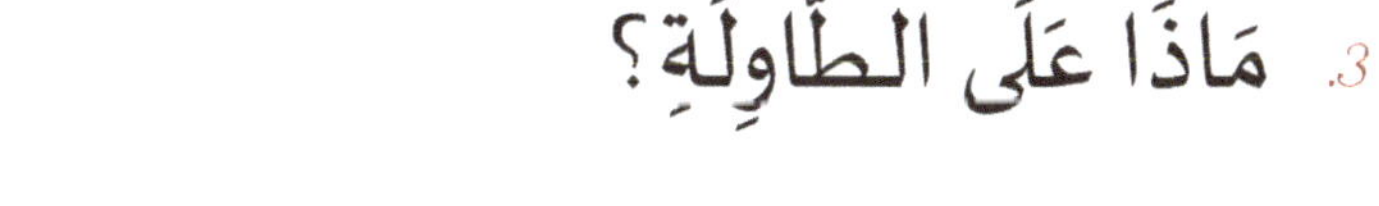

٣. مَاذَا عَلَى الطَّاوِلَةِ؟

....

٤. هَلِ الْوُرُودُ صَفْرَاءُ؟

....

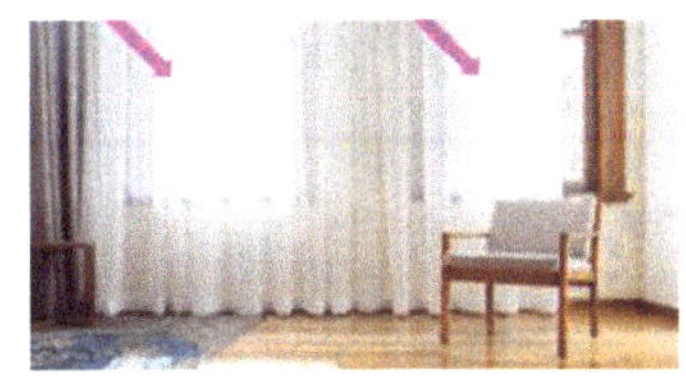

٥. كَمْ نَافِذَةً فِي الصَّالَةِ؟

....

6. مَا لَوْنُ الْبِسَاطِ؟

....

---

2. Schrijf het enkelvoud: 2. أَكْتُبُ الْمُفْرَدَ:

....   قَلَمَانِ

....   كِتَابَانِ

....   فَصْلَانِ

....   حَاسُوبَانِ

....   جَوَّالَانِ

....   سَبُّورَتَانِ

....   حَقِيبَتَانِ

....   مَدْرَسَتَانِ

3. Schrijf het tweevoud: أَكْتُبُ المُثَنَّى: .3

بَابٌ ....

سَرِيرٌ ....

مَطْبَخٌ ....

بَيْتٌ ....

مِرْحَاضٌ ....

نَافِذَةٌ ....

غُرْفَةٌ ....

خِزَانَةٌ ....

صَالَةٌ ....

4. Kies het passende woordje.   أَخْتَارُ الْكَلِمَةَ الْمُنَاسِبَة

أَزْرَقُ – بَيْضَاءُ – بُنِّيَّةٌ – بَنَفْسَجِيَّةٌ – أَسْوَد – أَخْضَرُ – حَمْرَاءُ

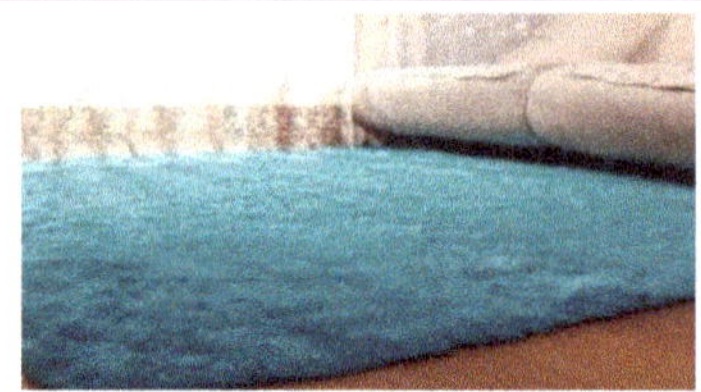

1. هَذَا بِسَاطٌ ....

2. هَذَا جَوَّالٌ ....

3. هَذَا سَرِيرٌ ....

4. هَذِهِ سِتَارَةٌ ....

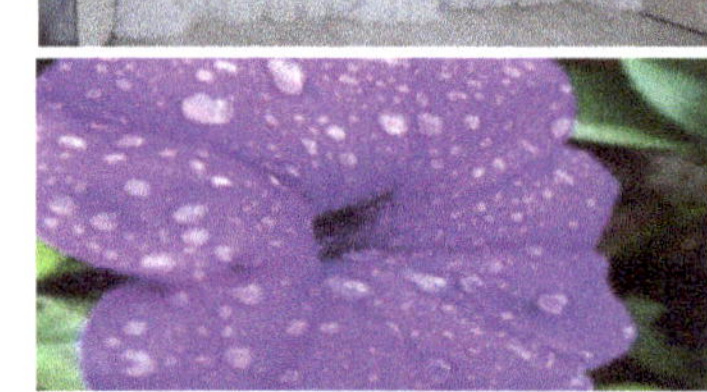

5. هَذِهِ وَرْدَةٌ ....

6. هَذِهِ سَلَّةٌ ....

7. هَذِهِ زَهْرِيَّةٌ ....

اَلْوَحْدَةُ 3 – فِي المَدِينَةِ

THEMA 3 – IN DE STAD

WAT GAAN WE LEREN:

- 25 nieuwe woordjes.
- Het regelmatig vrouwelijk meervoud.
- Het regelmatig mannelijk meervoud.
- Ism al-ishaarah: De aanwijswoorden.
- Ad-damaa-ir: De persoonlijke voornaamwoorden.
- De zon-laam en de maan-laam.
- Herhaling van niveau 2: hier en daar,
  jouw (vrouwelijk en mannelijk), bij.

هَيَّا نَبْدَأْ!

LESJE 7: HET VERKEER   اَلدَّرْسُ السَّابِعُ: اَلْمُرُورُ

مَحَطَّةٌ - مَوْقِفٌ - حَافِلَةٌ - شَارِعٌ

إِشَارَةُ الْمُرُورِ - يَقِفُ - يَسِيرُ - ضَوْءٌ

LEZEN   اَلْقِرَاءَةُ

In de stad is een grote straat.	فِي الْمَدِينَةِ شَارِعٌ كَبِيرٌ.
Op de straat zijn veel auto's.	عَلَى الشَّارِعِ سَيَّارَاتٌ كَثِيرَةٌ.
Dit is een vrachtwagen, en dit is een bus.	هَذِهِ شَاحِنَةٌ، وَهَذِهِ حَافِلَةٌ.
Dit is een parkeerplaats.	هَذَا مَوْقِفٌ.
Op de parkeerplaats staan de auto's.	فِي الْمَوْقِفِ تَقِفُ السَّيَّارَاتُ.
En dit is een bushalte.	وَهَذِهِ مَحَطَّةٌ.
Bij de bushalte stopt de bus.	فِي الْمَحَطَّةِ تَقِفُ الْحَافِلَةُ.
Boven de straat is een verkeerslicht.	فَوْقَ الشَّارِعِ إِشَارَةُ الْمُرُورِ.
Het licht is rood.	اَلضَّوْءُ أَحْمَرُ.
De auto stopt. En de bus stopt.	اَلسَّيَّارَةُ تَقِفُ. وَالْحَافِلَةُ تَقِفُ.
Het licht is groen.	اَلضَّوْءُ أَخْضَرُ.

De auto rijdt. En de bus rijdt.	اَلسَّيَّارَةُ تَسِيرُ. وَالْحَافِلَةُ تَسِيرُ.

HET REGELMATIG VROUWELIJK MEERVOUD — جَمْعُ الْمُؤَنَّثِ السَّالِمِ

Auto – Auto's	سَيَّارَةٌ – سَيَّارَاتٌ
Fiets – Fietsen	دَرَّاجَةٌ – دَرَّاجَاتٌ
Vliegtuig – Vliegtuigen	طَائِرَةٌ – طَائِرَاتٌ
Boom – Bomen	شَجَرَةٌ – شَجَرَاتٌ
Bal - Ballen	كُرَةٌ – كُرَاتٌ

VOORBEELDEN — أَمْثِلَةٌ

Op de tafel is één appel.	عَلَى الطَّاوِلَةِ تُفَّاحَةٌ وَاحِدَةٌ.
Op de tafel zijn veel appels.	عَلَى الطَّاوِلَةِ تُفَّاحَاتٌ كَثِيرَةٌ.
Dit is een kleine poes.	هَذِهِ قِطَّةٌ صَغِيرَةٌ.
Dit zijn twee kleine poesjes.	هَاتَانِ قِطَّتَانِ صَغِيرَتَانِ.
Dit zijn kleine poesjes.	هَذِهِ قِطَطٌ صَغِيرَةٌ.
Dit is een moslima.	هَذِهِ مُسْلِمَةٌ.
Dit zijn twee moslima's.	هَاتَانِ مُسْلِمَتَانِ.

Dit zijn moslima's.	هَؤُلَاءِ مُسْلِمَاتٌ.

BEGRIJPEN EN SCHRIJVEN — اَلْفَهْمُ والْكِتَابَة

1. Beantwoord de vragen. — ١. أُجِيبُ عَنِ الْأَسْئِلَة.

١. مَا هَذَا؟

....

٢. هَلْ هَذِهِ حَافِلَةٌ كَبِيرَةٌ؟

....

٣. مَاذَا فِي الْمَوْقِفِ؟

....

٤. أَيْنَ تَقِفُ الْحَافِلَةُ؟

....

٥. مَا لَوْنُ الضَّوْءِ؟

....

2. Kies het passende woordje.   2. أَخْتَارُ الْكَلِمَةَ الْمُنَاسِبَةَ

وَاسِعٌ – الْمَوْقِفِ – كَثِيرَةٌ – الْمَحَطَّةِ – إِشَارَةُ

1. عَلَى الشَّارِعِ سَيَّارَاتٌ ....

2. السَّيَّارَاتُ تَقِفُ فِي ....

3. الْحَافِلَةُ تَقِفُ فِي ....

4. جَنْبَ الشَّارِعِ .... الْمُرُورِ.

5. هَذَا شَارِعٌ ....

3. Vervoeg het werkwoord in de zin (m./vr.)   .أُغَيِّرُ الْفِعْلَ فِي الْجُمْلَةِ

1   .اَلطَّالِبُ يَدْرُسُ اللُّغَةَ الْعَرَبِيَّةَ

2   اَلطَّالِبَةُ .... اللُّغَةَ الْعَرَبِيَّةَ.

3   .اَلْمُعَلِّمُ يَكْتُبُ عَلَى السَّبُّورَةِ

4   اَلْمُعَلِّمَةُ .... عَلَى السَّبُّورَةِ.

5   سَعِيدٌ .... فِي الْمَدِينَةِ.

6   .لَيْلَى تَسْكُنُ فِي الْمَدِينَةِ

7   مُحَمَّدٌ .... الْبُرْتُقَالَةَ.

8   .مَرْيَمُ تَقْطَعُ الْبُرْتُقَالَةَ

9   .زَيْدٌ يُجَهِّزُ الطَّعَامَ

10   حَلِيمَةُ .... الطَّعَامَ.

4. Schrijf het juiste aanwijswoord.   أَكْتُبُ اسْمَ الإِشَارَةِ المُنَاسِبَ.

هَذَا – هَذَانِ – هَذِهِ – هَاتَانِ

مَوْزَةٌ .... 1.

فَصْلَانِ .... 2.

سَيَّارَتَانِ .... 3.

جَوَّالٌ .... 4.

مَسَاجِدُ .... 5.

حَقِيبَةٌ .... 6.

قَلَمَانِ .... 7.

كُتُبٌ .... 8.

LESJE 8: OP DE MARKT   اَلدَّرْسُ الثَّامِنُ: فِي السُّوقِ

عِنْدَ - جَزَّارٌ - لَحْمٌ - دَجَاجٌ - جَزَرٌ

بَطَاطِسُ - طَمَاطِمُ - بَصَلٌ - خُضَّارٌ

LEZEN   اَلْقِرَاءَةُ

Dit is de markt.	هَذَا السُّوقُ.
Op de markt is een slager.	فِي السُّوقِ جَزَّارٌ.
Bij de slager is vlees.	عِنْدَ الْجَزَّارِ لَحْمٌ.
En bij de slager is kip.	وَعِنْدَ الْجَزَّارِ دَجَاجٌ.
Op de markt is een groenteboer.	وَفِي السُّوقِ خُضَّارٌ.
Bij de groenteboer zijn wortels en uien.	عِنْدَ الْخُضَّارِ جَزَرٌ وَبَصَلٌ.
En bij de groenteboer zijn aardappels en tomaten.	وَعِنْدَ الْخُضَّارِ بَطَاطِسُ وَطَمَاطِمُ.
En op de markt is veel fruit;	وَفِي السُّوقِ فَاكِهَةٌ كَثِيرَةٌ:
Dit zijn druiven, en dat zijn granaatappels.	هَذَا عِنَبٌ، وَذَلِكَ رُمَّانٌ.

Dit zijn frambozen, en dat zijn sinaasappels.	هَذَا تُوتٌ، وَذَلِكَ بُرْتُقَالٌ.
En hier zijn perziken, en daar zijn peren.	وَهُنَا خَوْخٌ وَهُنَاكَ إِجَّاصٌ.
Wat is dit? Dit is geld.	مَا هَذِهِ؟ هَذِهِ نُقُودٌ.
Dit is 100 Riyal.	هَذِهِ مِائَةُ رِيَالٍ.

DE MAAN-LAAM EN ZON-LAAM. اللَّامُ الشَّمْسِيَّةُ وَالْقَمَرِيَّةُ.

De maan-laam

اللَّامُ الْقَمَرِيَّةُ:

Ik schrijf de laam, en spreek deze uit.

أَكْتُبُ اللَّامَ، وَأَنْطِقُهَا.

أ ، ب ، ج ، ح ، خ ، ع ، غ ، ف ، ق ، ك ، م ، هـ ، و ، ي

De zon-laam

اللَّامُ الشَّمْسِيَّةُ:

Ik schrijf de laam, en spreek deze NIET uit.

أَكْتُبُ اللَّامَ، وَلَا أَنْطِقُهَا.

En na de laam komt een shaddah.

وَيَكُونُ بَعْدَهَا شَدَّةٌ.

ت ، ث ، د ، ذ ، ر ، ز ، س ، ش ، ص ، ض ، ط ، ظ ، ن ، ل

BEGRIJPEN EN SCHRIJVEN   اَلْفَهْمُ والْكِتَابَة

1. Beantwoord de vragen.   1. أُجِيبُ عَنِ الْأَسْئِلَةِ.

1. مَا هَذَا؟

....

2. مَاذَا فِي السُّوقِ؟

....

3. مَاذَا عِنْدَ الْجَزَّارِ؟

....

4. أَيْنَ الْخَضَّارُ؟

....

5. مَاذَا هُنَا؟

....

6. وَمَاذَا هُنَاكَ؟

....

2. Kies het passende woordje.   2. أَخْتَارُ الْكَلِمَةَ الْمُنَاسِبَة

الْخَضَّارِ – الْجَزَّارِ – السَّلَّةِ – الْحَدِيقَةِ

1. عِنْدَ .... لَحْمٌ وَدَجَاجٌ.

2. عِنْدَ .... بَطَاطِسُ وَطَمَاطَمُ.

3. فِي .... فَاكِهَةٌ كَثِيرَةٌ.

4. فِي .... تُوتٌ وَرُمَّانٌ وَعِنَبٌ.

VAN ALIF TOT ARABISCH   أَمِرُ الأَلِفِ الْعَرَبِيَّة

3. أَكْتُبُ الْكَلِمَاتُ فِي المَكَانِ المُنَاسِبِ، وَأَكْتُبُ التَّرْجَمَة.

3. Schrijf de woordjes in de juiste kolom, en schrijf bij elk woord de vertaling.

الكِتَابُ – السَّبُّورَةُ – الحَدِيقَةُ – المَكْتَبُ – الطَّائِرَةُ – الدَّرَّاجَةُ
النُّقُودُ – الدَّفْتَرُ – البِنْتُ – السَّيَّارَةُ – الكُرَةُ – الحَاسُوبُ

<table>
<tr><td colspan="2" align="center">
اللَّامُ الْقَمَرِيَّةِ</td><td colspan="2" align="center">
اللَّامُ الشَّمْسِيَّةِ</td></tr>
<tr><td></td><td></td><td>Schoolbord</td><td>السَّبُّورَةُ</td></tr>
<tr><td></td><td></td><td></td><td></td></tr>
<tr><td></td><td></td><td></td><td></td></tr>
<tr><td></td><td></td><td></td><td></td></tr>
<tr><td></td><td></td><td></td><td></td></tr>
<tr><td></td><td></td><td></td><td></td></tr>
</table>

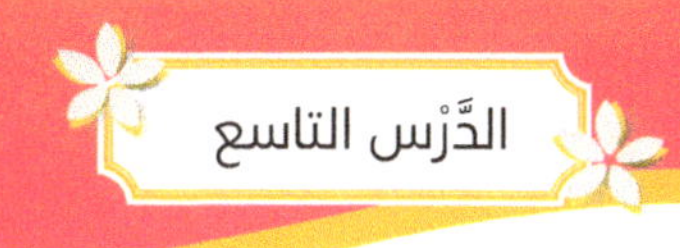

LESJE 9: WERK — اَلدَّرْسُ التَّاسِعُ: الْعَمَل

يَعْمَلُ - طَبِيبٌ - مُتْقِنٌ - مُهَنْدِسٌ
مَاهِرٌ - لَطِيفٌ

LEZEN — اَلْقِرَاءَةُ

Wat voor werk doet jouw vader, Zayd?	مَاذَا يَعْمَلُ أَبُوكَ يَا زَيْدُ؟
Mijn vader werkt als dokter.	أَبِي يَعْمَلُ طَبِيبًا.
Hij is een bedreven dokter.	هُوَ طَبِيبٌ مُتْقِنٌ.
Wat voor werk doet jouw vader, Joesoef?	مَاذَا يَعْمَلُ أَبُوكَ يَا يُوسُفُ؟
Mijn vader werkt als architect.	أَبِي يَعْمَلُ مُهَنْدِسًا.
Hij is een deskundig architect.	هُوَ مُهَنْدِسٌ مَاهِرٌ.
Wat voor werk doet jouw moeder, Halima?	مَاذَا تَعْمَلُ أُمُّكِ يَا حَلِيمَةُ؟
Mijn moeder werkt als lerares.	أُمِّي تَعْمَلُ مُعَلِّمَةً.
Zij is een bedreven lerares.	هِيَ مُعَلِّمَةٌ مُتْقِنَةٌ.
Wat voor werk doet jouw moeder, Asia?	مَاذَا تَعْمَلُ أُمُّكِ يَا آسِيَةُ؟

Mijn moeder werkt als dokter.	أُمِّي تَعْمَلُ طَبِيبَةً.
Zij is een lieve dokter.	هِيَ طَبِيبَةٌ لَطِيفَةٌ.

HET REGELMATIG MANNELIJK MEERVOUD — جَمْعُ الْمُذَكَّرِ السَّالِمِ

Dit is een moslim. Dit zijn moslims.	هَذَا مُسْلِمٌ. هَؤُلَاءِ مُسْلِمُونَ.
Dit is een gelovige. Dit zijn gelovigen.	هَذَا مُؤْمِنٌ. هَؤُلَاءِ مُؤْمِنُونَ.
Dit is een slager. Dit zijn slagers.	هَذَا جَزَّارٌ. هَؤُلَاءِ جَزَّارُونَ.
Dit is een groenteboer. Dit zijn groenteboeren.	هَذَا خَضَّارٌ. هَؤُلَاءِ خَضَّارُونَ.
Dit is een architect. Dit zijn architecten.	هَذَا مُهَنْدِسٌ. هَؤُلَاءِ مُهَنْدِسُونَ.
Dit is een leraar. Dit zijn leraren.	هَذَا مُعَلِّمٌ. هَؤُلَاءِ مُعَلِّمُونَ.

HET ONREGELMATIG MANNELIJK MEERVOUD — جَمْعُ التَّكْسِيرِ الْمُذَكَّرِ

Dit is een student. Dit zijn studenten.	هَذَا طَالِبٌ. هَؤُلَاءِ طُلَّابٌ.
Dit is een man. Dit zijn mannen.	هَذَا رَجُلٌ. هَؤُلَاءِ رِجَالٌ.
Dit is een dokter. Dit zijn dokters.	هَذَا طَبِيبٌ. هَؤُلَاءِ أَطِبَّاءُ.

اَلطَّالِبُ مُجْتَهِدٌ. اَلطَّالِبَانِ مُجْتَهِدَانِ. اَلطُّلَّابُ مُجْتَهِدُونَ.

De student is ijverig. De twee studenten (m.) zijn ijverig.
De studenten (m.) zijn ijverig.

اَلطَّالِبَةُ مُجْتَهِدَةٌ. اَلطَّالِبَتَانِ مُجْتَهِدَتَانِ. اَلطَّالِبَاتُ مُجْتَهِدَاتٌ.

De studente is ijverig. De twee (v.) studenten zijn ijverig.
De studenten (v.) zijn ijverig.

PERSOONLIJKE VOORNAAMWOORDEN   الضَّمَائِرُ

Ik (m.) ben een moslim. Ik (v.) ben een moslima.	أَنَا مُسْلِمٌ. أَنَا مُسْلِمَةٌ.
Jij (m.) bent een moslim. Jij (v.) bent een moslima.	أَنْتَ مُسْلِمٌ. أَنْتِ مُسْلِمَةٌ.
Hij is een moslim. Zij is een moslima.	هُوَ مُسْلِمٌ. هِيَ مُسْلِمَةٌ.
Wij (twee m.) zijn moslims. Wij (twee v.) zijn moslima's.	نَحْنُ مُسْلِمَانِ. نَحْنُ مُسْلِمَتَانِ.
Jullie (twee m.) zijn moslims. Jullie (twee v.) zijn moslima's.	أَنْتُما مُسْلِمَانِ. أَنْتُما مُسْلِمَتَانِ.
Zij (twee m.) zijn moslims. Zij (twee v.) zijn moslima's.	هُمَا مُسْلِمَانِ. هُمَا مُسْلِمَتَانِ.
Wij zijn moslims. Wij zijn moslima's.	نَحْنُ مُسْلِمُونَ. نَحْنُ مُسْلِمَاتٌ.
Jullie (m.) zijn moslims. Jullie (v.) zijn moslima's.	أَنْتُم مُسْلِمُونَ. أَنْتُنَّ مُسْلِمَاتٌ.
Zij (m.) zijn moslims. Zij (v.) zijn moslima's.	هُمْ مُسْلِمُونَ. هُنَّ مُسْلِمَاتٌ.

BEGRIJPEN EN SCHRIJVEN — اَلْفَهْمُ والْكِتَابَة

‏1. أَخْتَارُ الْكَلِمَةَ الْمُنَاسِبَةَ لِاسْمِ الإِشَارَة:

1. Kies het woordje dat past bij het aanwijswoord:

‏1. هَذَا .... كَبِيرٌ.   (بَيْتَانِ – بُيُوتٌ – بَيْتٌ)

‏2. هَذِهِ .... جَمِيلَةٌ.   (قِطَّتَانِ – قِطَّةٌ – قِطَّانِ)

‏3. هَاتَانِ .... صَغِيرَتَانِ.   (بِنْتَانِ – بِنْتٌ – بَنَاتٌ)

‏4. هَؤُلَاءِ طُلَّابٌ ....   (مُجْتَهِدٌ – مُجْتَهِدَانِ – مُجْتَهِدُونَ)

‏5. هَاتَانِ .... فِي الشَّجَرَة.   (مَوْزَةٌ – مَوْزَتَانِ – مَوْزٌ)

٢. أُكْمِلُ الجُمَلَ بِاسْمِ إِشَارَةٍ مُنَاسِبٍ مِمَّا بَيْنَ القَوْسَيْنِ:

2. Maak de zinnen af met een aanwijswoord van tussen de haakjes:

1. .... زَهْرِيَّةٌ جَمِيلَةٌ.   (هَذِهِ – هَذَا – هَاتَانِ)

2. .... طَعَامٌ لَذِيذٌ.   (هَذَا – هَؤُلَاءِ – هَذِهِ)

3. .... قِطَّتَانِ صَغِيرَتَانِ.   (هَاتَانِ – هَذَانِ – هَؤُلَاءِ)

4. .... طُلَّابٌ مُجْتَهِدُونَ.   (هَؤُلَاءِ – هَذَانِ – هَذِهِ)

5. .... بَنَاتٌ جَمِيلَاتٌ.   (هَؤُلَاءِ – هَاتَانِ – هَذِهِ)

6. .... مَنْزِلَانِ وَاسِعَانِ.   (هَذَا – هَذَانِ – هَؤُلَاءِ)

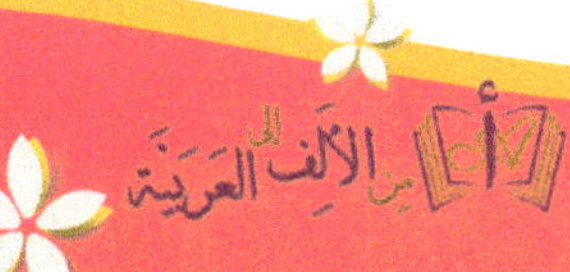 VAN ALIF TOT ARABISCH

اَلْوَحْدَةُ 4 – الصَّلاةُ

THEMA 4 – HET GEBED

WAT GAAN WE LEREN:

- 30 nieuwe woordjes.
- Uitleg van de stam van het werkwoord, en het werkwoord in de tegenwoordige tijd.
- Het werkwoord in de tegenwoordige tijd vervoegen.
- De open en de gesloten taa op het eind van het woord.
- Een vraag maken met 'wanneer' en 'hoe'.
- Alle vraagwoorden – asmaa al-istifhaam.

هَيَّا نَبْدَأ!

LESJE 10: DE ADHAAN

اَلدَّرْسُ العَاشِرُ: الأَذَان

أَذَانٌ - يَتَوَضَّأُ - الصَّلَاةُ - يُصَلِّي - يَذْهَبُ إِلَى - مَرَّةً - الْيَوْمُ - صَلَوَاتٌ

LEZEN

اَلْقِرَاءَةُ

Allah is de Grootste. Allah is de Grootste!	اللهُ أَكْبَرُ. اللهُ أَكْبَرُ!
Dit is de oproep tot het gebed.	هَذَا الأَذَانُ.
Dit is de gebedsoproep tot het avondgebed.	هَذَا أَذَانُ صَلَاةِ الْمَغْرِبِ.
Waar ben je, Mohammed?	أَيْنَ أَنْتَ يَا مُحَمَّدُ؟
Ik ben hier.	أَنَا هُنَا.
Ik ben in de badkamer.	أَنَا فِي الْحَمَّامِ.
Mohammed verricht de rituele wassing.	مُحَمَّدٌ يَتَوَضَّأُ.
Mohammed houdt van het gebed.	مُحَمَّدٌ يُحِبُّ الصَّلَاةَ.
De mannen gaan naar de moskee.	يَذْهَبُ الرِّجَالُ إِلَى الْمَسْجِدِ.
De vrouwen bidden thuis.	تُصَلِّي النِّسَاءُ فِي الْبَيْتِ.

DIALOOGJE   حِوَارٌ

Hoe vaak bidt de moslim per dag?	كَمْ مَرَّةً يُصَلِّي الْمُسْلِمُ فِي الْيَوْمِ؟
De moslim bidt vijf keer per dag.	يُصَلِّي الْمُسْلِمُ خَمْسَ مَرَّاتٍ فِي الْيَوْمِ.
Wat zijn de vijf gebeden?	مَا هِيَ الصَّلَوَاتُ الْخَمْسُ؟
De vijf gebeden zijn: Het ochtendgebed, het middaggebed, het namiddaggebed, het avondgebed, en het nachtgebed.	الصَّلَوَاتُ الْخَمْسُ هِيَ: اَلْفَجْرُ، وَالظُّهْرُ، وَالْعَصْرُ، وَالْمَغْرِبُ، وَالْعِشَاءُ.
Hoeveel gebedseenheden zijn er in het ochtendgebed?	كَمْ رَكْعَةً فِي صَلَاةِ الْفَجْرِ؟
In het ochtendgebed zijn twee gebedseenheden.	فِي صَلَاةِ الْفَجْرِ رَكْعَتَانِ.
Hoeveel gebedseenheden zijn er in het middaggebed?	كَمْ رَكْعَةً فِي صَلَاةِ الظُّهْرِ؟
In het middaggebed zijn vier gebedseenheden.	فِي صَلَاةِ الظُّهْرِ أَرْبَعُ رَكَعَاتٍ

اَلْفِعْلُ الْمُضَارِعُ
HET WERKWOORD IN DE TEGENWOORDIGE TIJD

3	2	1
هُوَ يَدْرُسُ.	أَنْتَ تَدْرُسُ.	أَنَا أَدْرُسُ.
هِيَ تَدْرُسُ.	أَنْتِ تَدْرُسِينَ.	نَحْنُ نَدْرُسُ.
هُمَا يَدْرُسَانِ.	أَنْتُمَا تَدْرُسَانِ.	
هُمَا تَدْرُسَانِ.	أَنْتُمْ تَدْرُسُونَ.	
هُمْ يَدْرُسُونَ.	أَنْتُنَّ تَدْرُسْنَ.	
هُنَّ يَدْرُسْنَ.		

HIJ – ZIJ – IK – WIJ   هُوَ – هِيَ – أَنَا – نَحْنُ

نَحْنُ نَكْتُبُ.	أَنَا أَكْتُبُ.	هِيَ تَكْتُبُ.	هُوَ يَكْتُبُ.
نَحْنُ نَجْلِسُ.	أَنَا أَجْلِسُ.	هِيَ تَجْلِسُ.	هُوَ يَجْلِسُ.
نَحْنُ نَقْرَأُ.	أَنَا أَقْرَأُ.	هِيَ تَقْرَأُ.	هُوَ يَقْرَأُ.
نَحْنُ نَشْرَبُ.	أَنَا أَشْرَبُ.	هِيَ تَشْرَبُ.	هُوَ يَشْرَبُ.

BEGRIJPEN EN SCHRIJVEN   اَلْفَهْمُ والْكِتَابَة

1. Beantwoord de vragen.   1. أُجِيبُ عَنِ الْأَسْئِلَة.

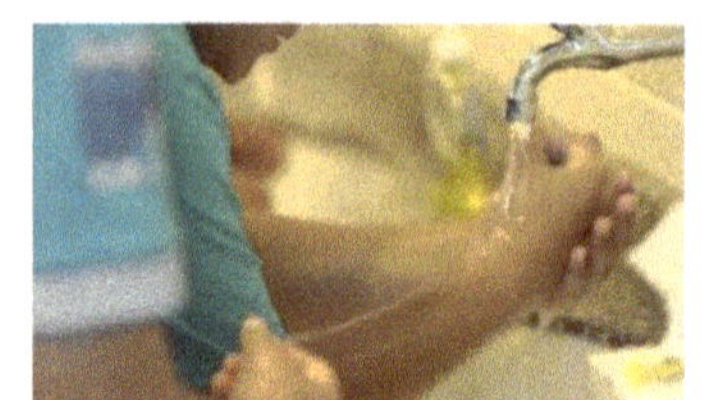

1. مَاذَا يَفْعَلُ مُحَمَّدٌ؟

....

2. أَيْنَ مُحَمَّدٌ؟

....

3. أَيْنَ يُصَلِّي الرِّجَالُ؟

....

4. أَيْنَ تُصَلِّي النِّسَاءُ؟

....

2. Vervoeg het werkwoord naar 'ik' en 'wij'.   ٢. أُصَرِّفُ الفِعلَ.

نَحْنُ نَكْتُبُ	أَنَا أَكْتُبُ	هُوَ يَكْتُبُ
نَحْنُ.............	أَنَا.............	هُوَ يَدْرُسُ
نَحْنُ.............	أَنَا.............	هُوَ يَعْمَلُ
نَحْنُ.............	أَنَا.............	هُوَ يَجْلِسُ

3. Maak af met het passende woordje.   ٣. أُكَمِّلُ بِالْكَلِمَةِ الْمُنَاسِبَةِ.

الصَّلَاةَ – خَمْسَ – يُصَلِّي – وَقْتِ – قَرِيبٌ

١. مُحَمَّدٌ يُحِبُّ.........................

٢. الْمَسْجِدُ.........................مِنَ الْبَيْتِ.

٣. يُصَلِّي الْمُسْلِمُ.........................مَرَّاتٍ فِي الْيَوْمِ.

٤. ....الرِّجَالُ فِي الْمَسْجِدِ.

٥. أَذْهَبُ إِلَى الْمَسْجِدِ فِي.........................الصَّلَاةِ.

4. Zet de getallen in de goede volgorde.   ٤. أَرَتِّب الأَلْفَاظَ التَّالِيَةِ.

١.	اثْنَانِ – عِشْرُونَ – وَ	اثْنَانِ وَعِشْرُونَ 22
٢.	ثَلَاثُونَ – وَ – أَرْبَعَةٌ	....
٣.	وَ – خَمْسَةٌ – تِسْعُونَ	....
٤.	ثَمَانِيَةٌ – تِسْعُونَ – وَ	....
٥.	سِتُّونَ – سَبْعَةٌ – وَ	....
٦.	أَرْبَعَةٌ – وَ – خَمْسُونَ	....
٧.	ثَلَاثَةٌ – سَبْعُونَ – وَ	....

LESJE 11: DE MOSKEE   اَلدَّرْسُ الْحَادِي عَشَر: الْمَسْجِدُ

إِقَامَةٌ - إِمَامٌ - تَسْمَعُ - مَاشِيًا - بِـ - مَتَى

LEZEN   اَلْقِرَاءَةُ

Die moskee is groot.	ذَلِكَ الْمَسْجِدُ كَبِيرٌ.
Wat is de naam van die moskee?	مَا اسْمُ ذَلِكَ الْمَسْجِدِ؟
Dat is moskee Qoebaa'.	ذَلِكَ مَسْجِدُ قُبَاءَ.
Wanneer ga je naar de moskee?	مَتَى تَذْهَبُ إِلَى الْمَسْجِدِ؟
Ik ga naar de moskee als het tijd is voor het gebed.	أَذْهَبُ إِلَى الْمَسْجِدِ فِي وَقْتِ الصَّلَاةِ.
Ga je met de auto naar de moskee?	هَلْ تَذْهَبُ إِلَى الْمَسْجِدِ بِالسَّيَّارَةِ؟
Nee, de moskee is heel dichtbij.	لَا. اَلْمَسْجِدُ قَرِيبٌ جِدًّا.
Ik ga lopend.	أَنَا أَذْهَبُ مَاشِيًا.

Wie is die man?	مَنْ ذَلِكَ الرَّجُلُ؟
Dat is de imaam.	ذَلِكَ الْإِمَامُ.
De imaam leidt het gebed voor de mensen.	الْإِمَامُ يُصَلِّي بِالنَّاسِ.
Hoor je de aankondiging van het gebed?	هَلْ تَسْمَعُ الْإِقَامَةَ؟
Ja. Kom op, laten we gaan bidden!	نَعَمْ. هَيَّا نُصَلِّي!

HET WERKWOORD IN DE T.T. (VERVOLG) JIJ (M.), JIJ (VR.) JULLIE (TWEEVOUD)

اَلْفِعْلُ الْمُضَارِعُ
أَنْتَ، أَنْتِ، أَنْتُمَا

أَنْتُمَا تَكْتُبَانِ.	أَنْتِ تَكْتُبِينَ.	أَنْتَ تَكْتُبُ.
أَنْتُمَا تَجْلِسَانِ.	أَنْتِ تَجْلِسِينَ.	أَنْتَ تَجْلِسُ.
أَنْتُمَا تَدْرُسَانِ.	أَنْتِ تَدْرُسِينَ.	أَنْتَ تَدْرُسُ.
أَنْتُمَا تَقْرَآنِ.	أَنْتِ تَقْرَئِينَ.	أَنْتَ تَقْرَأُ.
أَنْتُمَا تَشْرَبَانِ.	أَنْتِ تَشْرَبِينَ.	أَنْتَ تَشْرَبُ.

BEGRIJPEN EN SCHRIJVEN — اَلْفَهْمُ والْكِتَابَة

1. Beantwoord de vragen.   ‎.أُجِيبُ عَنِ الْأَسْئِلَةِ ‎.1

‎.1 كَيْفَ تَذْهَبُ إِلَى الْجَامِعَةِ؟

....

‎.2 أَيْنَ تَقِفُ الْحَافِلَةُ؟

....

‎.3 مَاذَا فِي الْمَوْقِفِ؟

....

‎.4 كَيْفَ تَذْهَبُ إِلَى السُّوقِ؟ (lopend)

....

‎.5 أَيْنَ مَوْقِفُ السَّيَّارَاتِ؟

....

2. Maak af met het vrouwelijke woord.   ٢. أَكْمِلُ بِالمُؤَنَّثِ.

هَذَا قَمِيصٌ أَخْضَرُ.	هَذِهِ كُرَةٌ خَضْرَاءُ ١.
هَذَا حِذَاءٌ أَزْرَقُ.	هَذِهِ سِتَارَةٌ .... ٢.
هَذَا غِطَاءٌ أَصْفَرُ.	هَذِهِ وِسَادَةٌ .... ٣.
هَذَا فُسْتَانٌ أَبْيَضُ.	هَذِهِ حَقِيبَةٌ .... ٤.
هَذَا بِسَاطٌ أَحْمَرُ.	هَذِهِ أَرِيكَةٌ .... ٥.
هَذَا قَلَمٌ أَسْوَدُ.	هَذِهِ خِزَانَةٌ .... ٦.

٣. أُصَرِّفُ الفِعلَ .   3. Vervoeg het werkwoord: 'jij' m. en vr, en 'jullie' twv.

أَنْتُمَا تَذْهَبَانِ	أَنْتِ تَذْهَبِينَ	أَنْتَ تَذْهَبُ	هُوَ يَذْهَبُ
أَنْتُمَا	أَنْتِ	أَنْتَ	يَسْمَعُ
أَنْتُمَا	أَنْتِ	أَنْتَ	يَقْطَعُ
أَنْتُمَا	أَنْتِ	أَنْتَ	يَشْرَبُ

اَلدَّرْسُ الثَّاني عَشَرَ: بَعْدَ صَلَاةِ المَغْرِبِ

LESJE 12: NA HET MAGHRIBGEBED

رِسَالَةٌ - أَقْلَامٌ مُلَوَّنَةٌ - يَرْسُمُ - يُرَاجِعُ

اَلْقِرَاءَةُ   **LEZEN**

Na het maghribgebed, zit het gezin in de woonkamer.	بَعْدَ صَلَاةِ المَغْرِبِ، تَجْلِسُ الْأُسْرَةُ فِي الصَّالَةِ.
Sa'ied drinkt thee.	سَعِيدٌ يَشْرَبُ الشَّايَ.
Hij leest een nuttig boek.	هُوَ يَقْرَأُ كِتَابًا مُفِيدًا.
Layla zit op de bank.	لَيْلَى تَجْلِسُ عَلَى الْأَرِيكَةِ.
Zij schrijft een brief.	هِيَ تَكْتُبُ رِسَالَةً.
Zayd leest op de computer.	زَيْدٌ يَقْرَأُ فِي الْحَاسُوبِ.
Halima herhaalt haar lessen.	حَلِيمَةُ تُرَاجِعُ دُرُوسَها.
Zij schrijft in het schrift.	هِيَ تَكْتُبُ فِي الدَّفْتَرِ.
Maryam en Mohammed tekenen een mooie tekening.	مَرْيَمُ وَمُحَمَّدٌ يَرْسُمَانِ صُورَةً جَمِيلَةً.
Dit zijn kleurpotloden.	هَذِهِ أَقْلَامٌ مُلَوَّنَةٌ.

HET WERKWOORD IN DE T.T. (VERVOLG)   اَلْفِعْلُ الْمُضَارِعُ
ZIJ (TWEEVOUD) VOOR M. EN VR.   هُمَا لِلْمُذَكَّرِ وَالْمُؤَنَّثِ

هُمَا تَكْتُبَانِ.	هُمَا يَكْتُبَانِ.
هُمَا تَجْلِسَانِ.	هُمَا يَجْلِسَانِ.
هُمَا تَدْرُسَانِ.	هُمَا يَدْرُسَانِ.
هُمَا تَقْرَآنِ.	هُمَا يَقْرَآنِ.
هُمَا تَشْرَبَانِ.	هُمَا يَشْرَبَانِ.

VOORBEELD: "WERKEN"   مِثَال: "عَمِلَ"

Ik werk.	أَنَا أَعْمَلُ.
Wij werken.	نَحْنُ نَعْمَلُ.
Jij (m.) werkt.	أَنْتَ تَعْمَلُ.
Jij (vr.) werkt.	أَنْتِ تَعْمَلِينَ.
Jullie twee werken.	أَنْتُمَا تَعْمَلَانِ.
Hij werkt.	هُوَ يَعْمَلُ.
Zij werkt.	هِيَ تَعْمَلُ.
Zij twee werken.	هُمَا يَعْمَلَانِ.

BEGRIJPEN EN SCHRIJVEN   اَلْفَهْمُ وَالْكِتَابَة

1. Beantwoord de vragen.   .1 أُجِيبُ عَنِ الْأَسْئِلَةِ.

‎.1 مَاذَا تَفْعَلُ الْأُسْرَةُ بَعْدَ صَلَاةِ الْمَغْرِبِ؟

....

‎.2 مَاذَا يَقْرَأُ سَعِيدٌ؟

....

‎.3 أَيْنَ تَجْلِسُ لَيْلَى؟

....

‎.4 هَلْ يَكْتُبُ زَيْدٌ رِسَالَةً؟

....

‎.5 مَاذَا يَفْعَلُ مُحَمَّدٌ وَمَرْيَمُ؟

....

2. Maak een passende <u>vraag</u>.   ‏.‎أَكْتُبُ السُّؤَالَ المُنَاسِبَ‎.2

مَاذَا – أَيْنَ – هَلْ – كَمْ – مَا

؟... 1.

نَعَمْ، أَذْهَبُ إِلَى الْمَسْجِدِ بِالسَّيَّارَةِ.

؟... 2.

سَعِيدٌ يَشْرَبُ الشَّايَ.

؟... 3.

يَجْلِسُ زَيْدٌ عَلَى الأَرِيكَةِ.

؟... 4.

هَذَا بَيْتِي.

؟... 5.

فِي الزَّهْرِيَّةِ خَمْسَةُ وُرُودٍ.

3. Vervoeg het werkwoord: 'hij' en 'zij' twee (m. en vr.)   .أُصَرِّفُ الفِعلَ

هُمَا تَرْسُمَانِ	هُمَا يَرْسُمَانِ	هُوَ يَرْسُمُ	أَنَا أَرْسُمُ
هُمَا	هُمَا	هُوَ	أُرَاجِعُ
هُمَا	هُمَا	هُوَ	أَجْلِسُ
هُمَا	هُمَا	هُوَ	أَدْرُسُ

اَلْوَحْدَةُ 5 – الْأَيَّامُ والْأَزْمَانُ

THEMA 5 – DAGEN & TIJDEN

WAT GAAN WE LEREN:

- 17 nieuwe woordjes.
- De dagen van de week.
- Tijden: morgen, vandaag, gisteren, ochtend, avond...
- Alle vervoegingen van de tegenwoordige tijd.
- Herhaling van alle belangrijke onderwerpen van de cursus.

هَيَّا نَبْدَأ!

LESJE 13: DE DAGEN — اَلدَّرْس الثَّالِث عَشَر: الأَيَّام

الأَحَد - الإِثْنَيْن - الثُّلَاثَاء - الأَرْبِعَاء
الخَمِيس - الجُمُعَة - السَّبْت - قَبْلَ - بَعْدَ

LEZEN — اَلْقِرَاءَة

Hoeveel dagen zijn in een week?	كَمْ يَوْمًا فِي الْأُسْبُوعِ؟
Er zijn 7 dagen in de week.	فِي الْأُسْبُوعِ سَبْعَةُ أَيَّامٍ.
Zondag, maandag, dinsdag, woensdag, donderdag, vrijdag, zaterdag.	الْأَحَدُ. الْإِثْنَيْن. الثُّلَاثَاءُ. الْأَرْبِعَاءُ. الْخَمِيسُ. الْجُمُعَةُ. السَّبْتُ.
Wat doe je in de week, Zayd?	مَاذَا تَفْعَلُ فِي الْأُسْبُوعِ يَا زَيْد؟
Op zondag ga ik naar de universiteit.	فِي يَوْمِ الْأَحَدِ أَذْهَبُ إِلَى الْجَامِعَة.
Op maandag zit ik bij mijn moeder en vader.	وَفِي يَوْمِ الْإِثْنَيْنِ أَجْلِسُ مَعَ أُمِّي وَأَبِي.
Op dinsdag lees ik thuis een boek.	وَفِي يَوْمِ الثُّلَاثَاءِ أَقْرَأُ كِتَابًا فِي الْبَيْتِ.
Op woensdag ga ik naar de markt.	وَفِي يَوْمِ الْأَرْبِعَاءِ أَذْهَبُ إِلَى السُّوقِ.

Op donderdag ga ik naar de speeltuin met mijn broertje en zusje.	وَفِي يَوْمِ الْخَمِيسِ أَخْرُجُ إِلَى الْحَدِيقَةِ مَعَ أَخِي وَأُخْتِي.
Op vrijdag bidt ik het vrijdaggebed.	وَفِي يَوْمِ الْجُمُعَةِ أُصَلِّي صَلاةَ الْجُمُعَةِ.
Op zaterdag schrijf ik de lessen.	وَفِي يَوْمِ السَّبْتِ أَكْتُبُ الدُّرُوسَ.

HET WERKWOORD IN DE T.T. (VERVOLG)   اَلْفِعْلُ الْمُضَارِعُ

هُنَّ يَكْتُبْنَ.	هُمْ يَكْتُبُونَ.	أَنْتُنَّ تَكْتُبْنَ.	أَنْتُمْ تَكْتُبُونَ.
هُنَّ يَجْلِسْنَ.	هُمْ يَجْلِسُونَ.	أَنْتُنَّ تَجْلِسْنَ.	أَنْتُمْ تَجْلِسُونَ.
هُنَّ يَدْرُسْنَ.	هُمْ يَدْرُسُونَ.	أَنْتُنَّ تَدْرُسْنَ.	أَنْتُمْ تَدْرُسُونَ.
هُنَّ يَقْرَأْنَ.	هُمْ يَقْرَؤُونَ.	أَنْتُنَّ تَقْرَأْنَ.	أَنْتُمْ تَقْرَؤُونَ.
هُنَّ يَشْرَبْنَ.	هُمْ يَشْرَبُونَ.	أَنْتُنَّ تَشْرَبْنَ.	أَنْتُمْ تَشْرَبُونَ.

RANGTELWOORDEN — اَلأَعْدَادُ التَّرْتِيبِيَّةُ

De 7de verdieping	اَلطَّابَقُ السَّابِعُ.	De 1ste verdieping	اَلطَّابَقُ الأَوَّلُ.
De 8ste verdieping	اَلطَّابَقُ الثَّامِنُ.	De 2de verdieping	اَلطَّابَقُ الثَّانِي.
De 9de verdieping	اَلطَّابَقُ التَّاسِعُ.	De 3de verdieping	اَلطَّابَقُ الثَّالِثُ.
De 10de verdieping	اَلطَّابَقُ الْعَاشِرُ.	De 4de verdieping	اَلطَّابَقُ الرَّابِعُ.
De 11de verdieping	اَلطَّابَقُ الْحَادِي عَشَرَ.	De 5de verdieping	اَلطَّابَقُ الْخَامِسُ.
De 12de verdieping	اَلطَّابَقُ الثَّانِي عَشَرَ.	De 6de verdieping	اَلطَّابَقُ السَّادِسُ.

BEGRIJPEN EN SCHRIJVEN

اَلْفَهْمُ وَالْكِتَابَة

1. Beantwoord de vragen.

1. أُجِيبُ عَنِ الْأَسْئِلَة.

1. مَاذَا يَفْعَلُ مُحَمَّدٌ؟

....

2. مَاذَا تَفْعَلُ لَيْلَى؟

....

3. مَاذَا تَفْعَلُ حَلِيمَةُ؟

....

4. مَاذَا تَفْعَلُ مَرْيَمُ؟

....

2. Vervoeg het werkwoord. — ٢. أُصَرِّفُ الْفِعْلَ.

١. أَنَا أَكْتُبُ الدَّرْسَ.

أَنْتُمْ .... الدَّرْسَ.

أَنْتُنَّ .... الدَّرْسَ.

٢. أَنَا أَقْطَعُ الْفَاكِهَةَ.

أَنْتُمَا .... الْفَاكِهَةَ.

نَحْنُ .... الْفَاكِهَةَ.

٣. هُوَ يَشْرَبُ الْعَصِيرَ.

هُمْ .... الْعَصِيرَ.

هُنَّ .... الْعَصِيرَ.

3. Schrijf het passende woordje.   .٣ أَكْتُبُ الْكَلِمَةَ الْمُنَاسِبَةَ.

الصَّالَةِ - الْجَامِعَةِ - الْأَرْبِعَاءِ - جَمِيلَةً - السَّيَّارَات

١. أَذْهَبُ إِلَى .... بِالْحَافِلَةِ

٢. مَوْقِفُ .... خَلْفَ الْمَسْجِدِ.

٣. الْأُسْرَةُ تَجْلِسُ فِي .... فِي الْمَسَاءِ.

٤. مُحَمَّدٌ يَرْسُمُ صُورَةً ....

٥. فِي يَوْمِ .... أَذْهَبُ إِلَى السُّوقِ.

4. Vervoeg het werkwoord: zij (meerv. m. en v.).   ٤. أُصَرِّفُ الفِعلَ .

هُنَّ يَخْرُجْنَ	هُمْ يَخْرُجونَ	١. أَنَا أَخْرُجُ
أَنْتُنَّ تَخْرُجْنَ	أَنْتُمْ تَخْرُجونَ	
هُنَّ	هُمْ	٢. أَسْكُنُ
أَنْتُنَّ	أَنْتُمْ	
هُنَّ	هُمْ	٣. أَقْطَعُ
أَنْتُنَّ	أَنْتُمْ	
هُنَّ	هُمْ	٤. أَسْمَعُ
أَنْتُنَّ	أَنْتُمْ	
هُنَّ	هُمْ	٥. أَكْتُبُ
أَنْتُنَّ	أَنْتُمْ	

LESJE 14: DE TIJDEN — اَلدَّرْسُ الرَّابِعَ عَشَرَ: الأَزْمان

الْيَوْم - أَمْسِ - غَدًا -
صَبَاحٌ - مَسَاءٌ - ظُهْرٌ - لَيْلٌ - شَمْسٌ

LEZEN — اَلْقِرَاءَةُ

Wat doe je gedurende de dag, Maryam?	مَاذَا تَفْعَلِينَ فِي الْيَوْمِ يَا مَرْيَمُ؟
In de ochtend ga ik naar school.	فِي الصَّبَاحِ أَذْهَبُ إِلَى الْمَدْرَسَةِ.
En in de middag nuttig ik het middageten.	وَفِي الظُّهْرِ أَتَنَاوَلُ الْغَذَاءَ.
En in de namiddag speel ik in de tuin.	وَفِي الْعَصْرِ أَلْعَبُ فِي الْحَدِيقَةِ.
En in de avond herhaal ik mijn lessen.	وَفِي الْمَسَاءِ أُرَاجِعُ دُرُوسِي.
En in de nacht slaap ik in mijn bed.	وَفِي اللَّيْلِ أَنَامُ فِي سَرِيرِي.
De ochtend – De avond	اَلصَّبَاحُ – اَلْمَسَاءُ
Vandaag is het zaterdag.	اَلْيَوْمُ يَوْمُ السَّبْتِ.
Morgen is het zondag.	غَدًا يَوْمُ الْأَحَدِ.
Gisteren was het vrijdag.	أَمْسِ يَوْمُ الْجُمُعَةِ.

ALLE VERVOEGINGEN IN DE T.T. — تَصْرِيفُ الْمُضَارِعِ كَامِلًا

Ik ga naar de moskee.	أَنَا أَذْهَبُ إِلَى الْمَسْجِدِ.
Wij gaan naar de moskee.	نَحْنُ نَذْهَبُ إِلَى الْمَسْجِدِ.
Jij (m.) gaat naar de moskee.	أَنْتَ تَذْهَبُ إِلَى الْمَسْجِدِ.
Jij (vr.) gaat naar de moskee.	أَنْتِ تَذْهَبِينَ إِلَى الْمَسْجِدِ.
Jullie (twee m. en vr.) gaan naar de moskee.	أَنْتُمَا تَذْهَبَانِ إِلَى الْمَسْجِدِ.
Jullie (m. mv.) gaan naar de moskee	أَنْتُمْ تَذْهَبُونَ إِلَى الْمَسْجِدِ.
Jullie (vr. mv.) gaan naar de moskee	أَنْتُنَّ تَذْهَبْنَ إِلَى الْمَسْجِدِ.
Hij gaat naar de moskee.	هُوَ يَذْهَبُ إِلَى الْمَسْجِدِ.
Zij gaat naar de moskee.	هِيَ تَذْهَبُ إِلَى الْمَسْجِدِ.
Zij (m. twee) gaan naar de moskee	هُمَا يَذْهَبَانِ إِلَى الْمَسْجِدِ.
Zij (vr. twee) gaan naar de moskee.	هُمَا تَذْهَبَانِ إِلَى الْمَسْجِدِ.
Zij (m. mv.) gaan naar de moskee.	هُمْ يَذْهَبُونَ إِلَى الْمَسْجِدِ.
Zij (vr. mv.) gaan naar de moskee.	هُنَّ يَذْهَبْنَ إِلَى الْمَسْجِدِ.

BEGRIJPEN EN SCHRIJVEN

اَلْفَهْمُ وَالْكِتَابَة

1. أُجِيبُ عَنِ الْأَسْئِلَة.

1. Beantwoord de vragen.

1. مَتَى تَذْهَبُ مَرْيَمُ إِلَى الْمَدْرَسَةِ؟

....

2. مَتَى تَنَامُ مَرْيَمُ؟

....

3. مَتَى تَتَنَاوَلُ مَرْيَمُ الْغَذَاءَ؟

....

4. مَتَى تُرَاجِعُ مَرْيَمُ دُرُوسَهَا؟

....

5. مَتَى تَلْعَبُ مَرْيَمُ فِي الْحَدِيقَةِ؟

....

2. Maak af met het passende woordje. ‎.٢ أُكَمِّلُ بِالْكَلِمَةِ الْمُنَاسِبَةِ.

الثَّالِثِ - الْجَامِعَةِ - الْعَرَبِيَّةَ - لَطِيفَةٌ - الْمَدْرَسَةِ

‎١. أَسْكُنُ فِي الطَّابَقِ ....

‎٢. أُحِبُّ اللُّغَةَ ....

‎٣. الْأَطْفَالُ يَدْرُسُونَ فِي ....

‎٤. الطَّالِبَانِ يَدْرُسَانِ فِي ....

‎٥. هَذِهِ مُعَلِّمَةٌ ....

3. Vervoeg het werkwoord in de t.t. ‎.٣ أُصَرِّفُ الْفِعْلَ الْمُضَارِعَ

أَنَا أَكْتُبُ	أَنَا أَرْسُمُ	أَنَا أَجْلِسُ	أَنَا
			أَنْتَ
			أَنْتِ
			أَنْتُمَا

			أَنْتُمْ
			أَنْتُنَّ
			هُوَ
			هِيَ
			هُمَا (مُذَكَّر)
			هُمَا (مُؤَنَّث)
			هُمْ
			هُنَّ

LESJE 15: HERHALING   اَلدَّرْسُ الْخَامِسَ عَشَرَ: مُرَاجَعَة

Waar is de kleine tafel?	أَيْنَ الطَّاوِلَةُ الصَّغِيرَةُ؟
De kleine tafel is voor de vaas.	الطَّاوِلَةُ الصَّغِيرَةُ أَمَامَ الزَّهْرِيَّةِ.
Waar is de witte poes?	أَيْنَ الْقِطَّةُ الْبَيْضَاءُ؟
De witte poes is onder de bank.	الْقِطَّةُ الْبَيْضَاءُ تَحْتَ الْأَرِيكَةِ.
Waar zijn de kleurpotloden?	أَيْنَ الْأَقْلَامُ الْمُلَوَّنَةُ؟
De kleurpotloden zijn in het doosje.	اَلْأَقْلَامُ الْمُلَوَّنَةُ فِي الصُّنْدُوقِ.
Waar is de mooie vaas?	أَيْنَ الزَّهْرِيَّةُ الْجَمِيلَةُ؟
De mooie vaas is achter het raam.	اَلزَّهْرِيَّةُ الْجَمِيلَةُ خَلْفَ النَّافِذَةِ.
Waar is de lamp?	أَيْنَ الْمِصْبَاحُ؟
De lamp is op het bureau.	اَلْمِصْبَاحُ فَوْقَ الْمَكْتَبِ.
Waar is de blauwe bal?	أَيْنَ الْكُرَةُ الزَّرْقَاءُ؟
De blauwe bal is naast de muur.	اَلْكُرَةُ الزَّرْقَاءُ جَنْبَ السُّورِ.
Waar is de grote spiegel?	أَيْنَ الْمِرْآةُ الْكَبِيرَةُ؟
De grote spiegel hangt aan de muur.	اَلْمِرْآةُ الْكَبِيرَةُ عَلَى الْحَائِطِ.
Waar is het grote bed?	أَيْنَ السَّرِيرُ الْكَبِيرُ؟

| Het grote bed is in de slaapkamer. | السَّرِيرُ الْكَبِيرُ في غُرْفَةِ النَّوْمِ. |

BEGRIJPEN EN SCHRIJVEN — اَلْفَهْمُ والْكِتَابَة

1. Beantwoord de vragen.   .1 أُجِيبُ عَنِ الْأَسْئِلَة.

1. مَا لَوْنُ الْمَوْزَةِ؟

اَلْمَوْزَةُ صَفْرَاءُ.

2. مَا لَوْنُ التُّوتَةِ؟

....

3. مَا لَوْنُ الْعِنَبِ؟

....

4. مَا لَوْنُ السَّلَّةِ؟

....

5. مَا لَوْنُ الْخَوْخَةِ؟

....

٢. أَكْتُبُ اسْمَ الإِشَارَةِ المُنَاسِبَ.
2. Schrijf het juiste aanwijswoord.

هَذَا – هَذَانِ – هَؤُلَاءِ – هَذِهِ – هَاتَانِ

.١ .... تُفَّاحَةٌ لَذِيذَةٌ.

.٢ .... مُعَلِّمَتَانِ مُسْلِمَتَانِ

.٣ .... مُهَنْدِسُونَ مَاهِرُونَ.

.٤ .... طَالِبَاتٌ مُجْتَهِدَاتٌ.

.٥ .... طَبِيبٌ مُتْقِنٌ.

.٦ .... جَزَّارَانِ لَطِيفَانِ.

3. Vervoeg de zinnen.   ‫.3 أُصَرِّفُ الْجُمَلَ‬

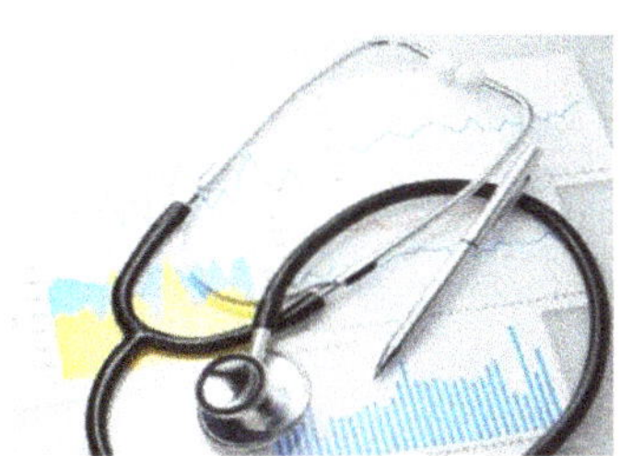

1. هَذَا طَبِيبٌ مُتْقِنٌ.

هَذَانِ ....

هَؤُلَاءِ ....

2. هَذِهِ مُعَلِّمَةٌ لَطِيفَةٌ.

هَاتَانِ ....

هَؤُلَاءِ ....

3. أَنَا طَالِبَةٌ مُجْتَهِدَةٌ.

نَحْنُ ....

أَنْتُمَا ....

تُفَّاحَةٌ
حَاسُوبٌ
وَرْدَةٌ
طَائِرَةٌ
كِتَابٌ
أَنَا أَكْتُبُ
Ik schrijf
VAN ALIF TOT ARABISCH
مِنَ الْأَلِفِ إِلَى الْعَرَبِيَّةِ
مُعْجَمُ الْكَلِمَاتِ
WOORDENBOEKJE
NIVEAU 2 - 3

ENKELE TIPS VOOR HET GEBRUIK VAN DIT WOORDENBOEKJE:

➤ Achterin het woordenboekje vind je een aantal rijtjes met speciale woordjes: kleuren, dagen, richtingen, persoonlijke voornaamwoorden, en vraagwoorden.

➤ De werkwoorden staan in het woordenboekje volgens de hij-vorm in de tegenwoordige tijd. Voorbeeld: يَدْرُسُ
Dit is de vorm die we leren in niveau 2.

Alle werkwoorden vind je dus onder de letter ي .

➤ Lees de paginas van rechts naar links!

➤ De woordjes vind je zonder alif laam.
Zoek i.p.v. naar المكتب naar مكتب.

	أ
Vader	أبٌ
Kan, theepot	إِبْريقٌ
Zoon	اِبْنٌ
Dochter	اِبْنَةٌ
Wit	أَبْيَضُ
Maandag	الاِثْنَيْنُ
Peren	إِجَّاصٌ
Peer	إِجَّاصَةٌ
Zondag	الأَحَدُ
Rood	أَحْمَرُ
Broer	أَخٌ
Zus	أُخْتٌ
Groen	أَخْضَرُ
Gebedsoproep	أَذانٌ
Rijst	أَرُزٌّ
Woensdag	الأَرْبِعاءُ
Bank (meubel)	أَريكَةٌ
Blauw	أَزْرَقُ

Gezin	أُسْرَةٌ
Naam	اِسْمٌ
Zwart	أَسْوَدُ
Stoplicht	إِشارَةُ مُرورٍ
Geel	أَصْفَرُ
Aankondiging tot het gebed	إِقامَةٌ
Kleurpotloden	أَقْلامٌ مُلَوَّنَةٌ
Naar	إِلى
Moeder	أُمٌّ
Imam	إِمامٌ
Voor	أَمامَ
Gisteren	أَمْسِ
Ik	أَنا
Jij (m.)	أَنْتَ
Jij (v.)	أَنْتِ
Jullie (m.mv.)	أَنْتُمْ
Jullie (twee)	أَنْتُما
Jullie (v.mv.)	أَنْتُنَّ
Welkom	أَهْلًا وَسَهْلًا

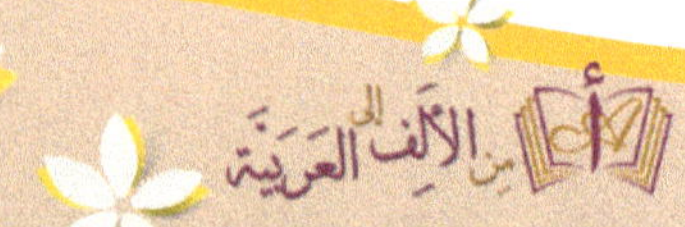

Waar	أَيْنَ

ب

Deur	بَابٌ
Goed (antwoord op 'hoe gaat het?')	بِخَيْرٍ
Sinaasappels	بُرْتُقَالٌ
Sinaasappel	بُرْتُقَالَةٌ
Oranje	بُرْتُقَالِيٌّ
Tapijt	بِسَاطٌ
Uien	بَصَلٌ
Ui	بَصَلَةٌ
Aardappelen	بَطَاطِسُ
Na	بَعْدَ
Ver	بَعِيدٌ
Paars	بَنَفْسَجِيٌّ
Bruin	بُنِّيٌّ
Huis	بَيْتٌ
Wit (v.)	بَيْضَاءُ

ت

Zij bereidt voor	تُجَهِّزُ
Onder	تَحْتَ
Appels	تُفَّاحٌ
Appel	تُفَّاحَةٌ
Zij snijdt	تَقْطَعُ
Dat (v.)	تِلْكَ
Dadel	تَمْرٌ
Dadels	تَمْرٌ
Franbozen	تُوتٌ
Framboos	تُوتَةٌ

ث

Dinsdag	الثُّلَاثَاءُ
Koelkast	ثَلَّاجَةٌ

ج

Nieuw	جَدِيدٌ
Slager	جَزَّارٌ
Wortels	جَزَرٌ
Vrijdag	الْجُمُعَةُ

Telefoon	جَوَّالٌ
Naast	جَنْبَ
Sok	جَوْرَبٌ

ح

Computer, laptop	حَاسُوبٌ
Bus	حَافِلَةٌ
Jou staat – hoe is het met je?	حَالُكَ – كَيْفَ حَالُكَ؟
Muur	حَائِطٌ
Hoofddoek	حِجَابٌ
Tuin	حَدِيقَةٌ
Schoen	حِذَاءٌ
Tas	حَقِيبَةٌ
Melk	حَلِيبٌ
Badkamer	حَمَّامٌ
Rood (v.)	حَمْرَاءُ
Om, Omheen	حَوْلَ

خ

Brood	خُبْزٌ
Kast	خِزَانَةٌ
Groen (v.)	خَضْرَاءُ
Groente	خَضْرَوَاتٌ
Groenteboer	خَضَّارٌ
Achter	خَلْفَ
Donderdag	الْخَمِيسُ
Perzik	خَوْخٌ

د

Kip	دَجَاجٌ
Fiets	دَرَّاجَةٌ
Schrift	دَفْتَرٌ

ذ

Dat (m.)	ذَلِكَ

ر

Brief	رِسَالَةٌ
Granaatappel	رُمَّانَةٌ
Granaatappels	رُمَّانٌ
Riyal (munteenheid)	رِيَالٌ

ز

Blauw (v.)	زَرْقَاءُ
Bloem	زَهْرَةٌ
Vaas	زَهْرِيَّةٌ
Echtgenoot/echtgenote	زَوْجٌ/ زَوْجَةٌ

س

Mes	سِكِّينٌ
Mand	سَلَّةٌ
Jaar	سَنَةٌ
Jaren	سَنَوَاتٌ
Auto	سَيَّارَةٌ
Uur, Klok, Horloge	سَاعَةٌ
Zaterdag	السَّبْتُ
Schoolbord	سَبُّورَةٌ
Gordijn	سِتَارَةٌ
Broek	سِرْوَالٌ
Bed	سَرِيرٌ

ش

Vrachtwagen	شَاحِنَةٌ
Straat	شَارِعٌ
Boom	شَجَرَةٌ
Politieagent	شُرْطِيٌّ
Bedankt	شُكْرًا
Vork	شَوْكَةٌ

ص

Zitkamer	صَالَةٌ
Ochtend	صَبَاحٌ
Klein	صَغِيرٌ
Geel (v.)	صَفْرَاءُ
Gebeden	صَلَوَاتٌ
Doos, kist	صُنْدُوقٌ

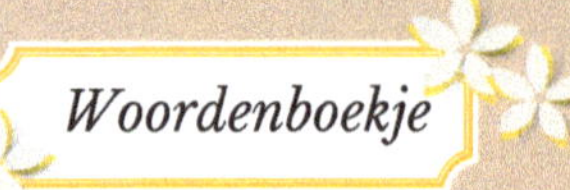

ض

Licht	ضَوْءٌ
Krap, Nauw, Smal	ضَيِّقٌ

ط

Student	طَالِبٌ
Studente	طَالِبَةٌ
Vliegtuig	طَائِرَةٌ
Tafel	طَاوِلَةٌ
Bord, schaal	طَبَقٌ
Dokter, Arts (m.)	طَبِيبٌ
Dokter, Arts (v.)	طَبِيبَةٌ
Weg	طَرِيقٌ
Kind	طِفْلٌ
Tomaten	طَمَاطِمُ
Lang	طَوِيلٌ

ظ

Middag	ظُهْرٌ

ع

Sap, Jus	عَصِيرٌ
Op	عَلَى
Leeftijd	عُمْرٌ
Druiven	عِنَبٌ
Druif	عِنَبَةٌ
Bij	عِنْدَ

غ

Morgen	غَدًا
Kamer	غُرْفَةٌ
Eetkamer	غُرْفَةُ الطَّعَامِ
Slaapkamer	غُرْفَةُ النَّوْمِ
Deken	غِطَاءٌ

ف

Fruit	فَاكِهَةٌ
Jurk	فُسْتَانٌ
Klaslokaal	فَصْلٌ
Boven, Op	فَوْقَ
In	فِي

ق

Voor,	قَبْلَ
Oud	قَدِيمٌ
Dichtbij	قَرِيبٌ
Kort	قَصِيرٌ
Poes	قِطَّةٌ
Pen, Potlood	قَلَمٌ
Weinig	قَلِيلٌ
Qamis, Bloes	قَمِيصٌ

ك

Glas	كَأْسٌ
Groot	كَبِيرٌ
Boek	كِتَابٌ
Veel	كَثِيرٌ
Bal, Voetbal	كُرَةٌ
Stoel	كُرْسِيٌّ
Hoeveel	كَمْ
Hoe	كَيْفَ

ل

Nee	لَا
Vlees	لَحْمٌ
Lekker	لَذِيذٌ
Lief, Vriendelijk	لَطِيفٌ
De Arabische taal	اللُّغَةُ العَرَبِيَّةُ
Kleur	لَوْنٌ
Nacht	لَيْلٌ

م

Wat (vraagwoord)	مَا

Wat (vraagwoord)	مَا
Water	مَاءٌ
Eettafel	مَائِدَةٌ
Wat (vraagwoord)	مَاذَا
Lopend	مَاشِيًا
Bekwaam, Deskundig	مَاهِر
Ervaren, Bedreven	مُتْقِنٌ
Wanneer	مَتَى
Ijverig	مُجْتَهِدٌ
Busstation	مَحَطَّةٌ
School	مَدْرَسَةٌ
Spiegel	مِرْآةٌ
Een keer	مَرَّةً
Toilet	مِرْحَاضٌ
Verkeer	مُرُورٌ
Avond	المَسَاءُ
Moskee	مَسْجِدٌ
Lamp	مِصْبَاحٌ
Qor'aan (boek)	مُصْحَفٌ

Keuken	مَطْبَخٌ
Nuttig	مُفِيدٌ
Bureau	مَكْتَبٌ
Boekenkast	مَكْتَبَةٌ
Lepel	مِلْعَقَةٌ
Architect	مُهَنْدِسٌ
Bananen	مَوْزٌ
Banaan	مَوْزَةٌ
Onderwerp	مَوْضُوعٌ
Parkeerplaats	مَوْقِفٌ

ن

Raam	نَافِذَةٌ
Wij	نَحْنُ
Ja	نَعَمْ
Geld	نُقُودٌ

هـ

Dit (twee)	هَاتَانِ
Dit (twee)	هَذَانِ

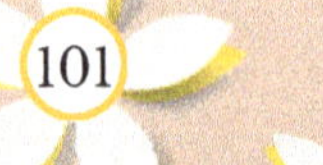

Dutch	Arabisch		Dutch	Arabisch
Vraagwoord (is..?)	هَلْ		Hij zit	يَجْلِسُ
Zij (m.mv.)	هُمْ		Hij bereidt voor	يُجَهِّزُ
Zij (twee)	هُمَا		Hij houdt van	يُحِبُّ
Zij (v.mv.)	هُنَّ		Hij studeert	يَدْرُسُ
Hier	هُنَا		Hij gaat	يَذْهَبُ
Daar	هُنَاكَ		Hij herhaalt	يُرَاجِعُ
Hij	هُوَ		Hij tekent	يَرْسُمُ
Zij	هِيَ		Hij woont	يَسْكُنُ

و

Dutch	Arabisch		Dutch	Arabisch
			Hij hoort	يَسْمَعُ
Wijd, Ruim	وَاسِعٌ		Hij gaat, Hij loopt, Hij rijdt	يَسِيرُ
Roos, Bloem	وَرْدَةٌ		Hij drinkt	يَشْرَبُ
Rozen, Bloemen	وُرُودٌ		Hij bidt	يُصَلِّي
Roze	وَرْدِيٌّ		Hij werkt	يَعْمَلُ
Kussen	وِسَادَةٌ		Hij leest	يَقْرَأُ
Jongen	وَلَدٌ		Hij snijdt	يَقْطَعُ

ي

Dutch	Arabisch		Dutch	Arabisch
			Hij stopt	يَقِفُ
Hij eet	يَأْكُلُ		Hij schrijft	يَكْتُبُ
Hij verricht de rituele wassing	يَتَوَضَّأُ		Hij slaapt	يَنَامُ
			Dag	يَوْمٌ

الظُّروفُ/حُرُوفُ الجَر
Voorzetsels

Op	عَلَى / فَوْقَ	
In	فِي	
Onder	تَحْت	
Naast	جَنْبَ	
Boven	فَوْقَ	
Voor	أَمَامَ	
Achter	خَلْفَ	
Rechts van	يَمِينَ	
Links van	يَسَارٌ	
Bij	عِنْدَ	

الأَلْوَانُ
Kleuren

مُؤَنَّثٌ		مُذَكَّرٌ
Vrouwelijk		Mannelijk
حَمْرَاءُ		أَحْمَرُ
زَرْقَاءُ		أَزْرَقُ
صَفْرَاءُ		أَصْفَرُ
بَيْضَاءُ		أَبْيَضُ
سَوْدَاءُ		أَسْوَدُ
خَضْرَاءُ		أَخْضَرُ
وَرْدِيَّةٌ		وَرْدِيٌّ
بُرْتُقَالِيَّةٌ		بُرْتُقَالِيٌّ
بُنِّيَّةٌ		بُنِّيٌّ
بَنَفْسَجِيَّةٌ		بَنَفْسَجِيٌّ

De dagen / الأيام

الإِثْنَيْنُ	الثُّلَاثَاءُ	الأَرْبِعَاءُ	الْخَمِيسُ	الْجُمُعَةُ	السَّبْتُ	الأَحَدُ
Maandag	Dinsdag	Woensdag	Donderdag	Vrijdag	Zaterdag	Zondag

الضَّمَائِرُ
Persoonlijke voornaamwoorden

Ik	أَنَا
Wij	نَحْنُ
Jij (m.)	أَنْتَ
Jij (v.)	أَنْتِ
Jullie (twee m/v)	أَنْتُمَا
Jullie (m.mv.)	أَنْتُمْ
Jullie (v.mv.)	أَنْتُنَّ
Hij	هُوَ
Zij (enk.v.)	هِيَ
Zij (twee m/v)	هُمَا
Zij (mv.m.)	هُمْ
Zij (mv.v.)	هُنَّ

أَسْمَاءُ الإِشَارَةِ
Aanwijswoorden

Dit (enk.m.)	هَذَا
Dit (enk.v.)	هَذِهِ
Dit (twee m.)	هَاذَانِ
Dit (twee v.)	هَاتَانِ
Dit (mv.)	هَؤُلَاءِ
Dat (m.)	ذَلِكَ
Dat (v.)	تِلْكَ
Hier	هُنَا
Daar	هُنَاكَ

أَدَوَاتُ الْاِسْتِفْهام
Vraagwoorden

Wat	مَا هَذَا؟	مَا
	Wat is dit?	
Wie	مَنْ هَذَا؟	مَنْ
	Wie is dit?	
Wat	مَاذَا عَلَى الطَّاوِلَةِ؟	مَاذَا
	Wat is op de tafel?	
Wanneer	مَتَى تُصَلِّي الظُّهْرَ؟	مَتَى
	Wanneer bidt je het middaggebed?	
Vraagwoord (is...?)	هَلْ هَذَا كِتَابٌ؟	هَلْ
	Is dit een boek?	
Waar	أَيْنَ الحَقِيبَةُ؟	أَيْنَ
	Waar is de tas?	
Hoe	كَيْفَ حَالُكَ؟	كَيْفَ
	Hoe is het met je? (hoe is je staat?)	
Waarom	لِمَاذَا تَدْرُسُ اللُّغَةَ العَرَبِيَّةَ؟	لِمَاذَا
	Waarom leer je Arabisch?	

SPEELKAARTJES

SPELREGELS VOOR 2 OF MEER SPELERS:

- Schudt de kaartjes en leg ze op een stapeltje, met de woordjes naar boven, op tafel.
- Pak om de beurt een kaartje en probeer de betekenis te herinneren.
- Goed? Leg het op een eigen stapeltje.
- Fout? Leg het op een aparte stapel, die jullie straks nog eens oefenen.
- Schudt de kaartjes die jullie fout hebt geraden nog eens, en doe ze overnieuw.
- Wie aan het eind van het spel de meeste kaartjes goed geraden heeft, is de winnaar!

Je kunt ook alleen oefenen!

EXTRA INSTRUCTIES

Je kan ook de kaartjes met plaatjes naar boven oefenen. Dit is pittiger dan met woordjes naar boven, een uitdaging dus!
- De bloemetjes wijzen naar het thema waar je het woordje leert.
Zo kan je bijvoorbeeld ook alleen de woordjes van 1 thema oefenen.

Thema 1   Thema 2   Thema 3   Thema 4   Thema 5

- De kaartjes van boek 2 hebben een groen driehoekje bovenaan.
Bij de kaartjes van niveau 3 is dit roze, bij niveau 4 paars en niveau 5 blauw.

- Wil je stevigere kaartjes, kijk dan op de website:
www.vanaliftotarabisch.nl/gratis-speelkaartjes

سَرِيرٌ 	وِسَادَةٌ 	غِطَاء 
مِرْآةٌ 	يَنَامُ 	طِفْلٌ 
حَائِطٌ 	أَرِيكَةٌ 	زَهْرِيَّةٌ 
سُوقٌ 	غُرْفَةُ النَّوْمِ 	غُرْفَةُ الطَّعَامِ 

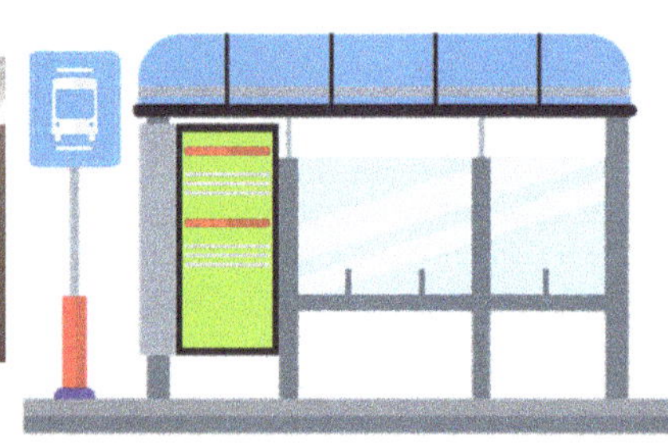

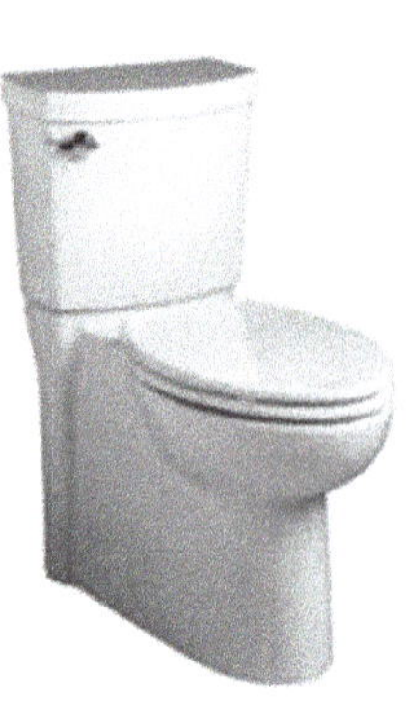

 بِسَاطٌ

 سِتَارَةٌ

 مِصْبَاحٌ

 قِطَّةٌ

 سَقْفٌ

 مَحَطَّةٌ

 حَافِلَةٌ

 مَوْقِفٌ

 شَارِعٌ

 حَمَّامٌ

 إِشَارَةُ الْمُرُورِ

 مِرْحَاضٌ

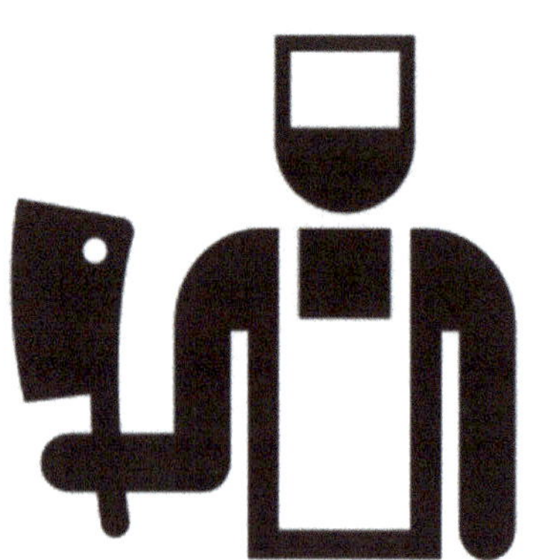

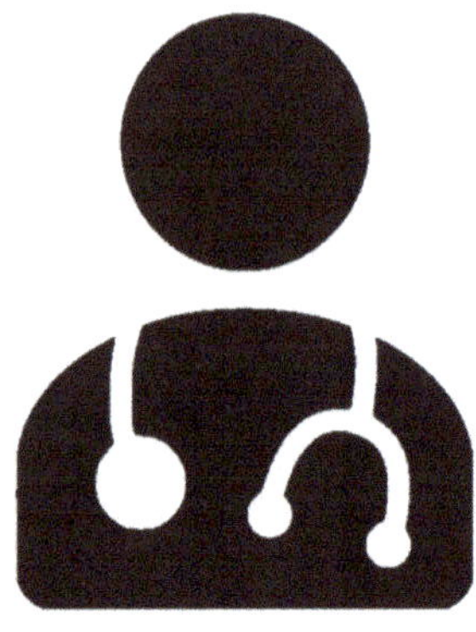

لَحْمٌ	جَزَّارٌ	ضَوْءٌ
بَطَاطِسُ	جَزَرٌ 	دَجَاجٌ 

بَصَلٌ	خَضَّارٌ 	طَمَاطِمُ 

أَذَانٌ	مُهَنْدِسٌ 	طَبِيبٌ 

يَسْمَعُ  www.vanaliftotarabisch.nl	يَرْسُمُ  www.vanaliftotarabisch.nl	أَقْلَام مُلَوَّنَة  www.vanaliftotarabisch.nl
رِسَالَة  www.vanaliftotarabisch.nl	شَمْس  www.vanaliftotarabisch.nl	صَبَاح  www.vanaliftotarabisch.nl
مَسَاء  www.vanaliftotarabisch.nl	لَيْل  www.vanaliftotarabisch.nl	وُرُود  www.vanaliftotarabisch.nl
أَقْلَام  www.vanaliftotarabisch.nl	بُيُوت  www.vanaliftotarabisch.nl	كُتُب  www.vanaliftotarabisch.nl

صَالَةٌ	أَطْبَاقٌ	مَسَاجِدُ
 www.vanaliftotarabisch.nl	 www.vanaliftotarabisch.nl	 www.vanaliftotarabisch.nl
كُؤُوسٌ	كَرَاسِيُّ	صَنَادِيقُ
 www.vanaliftotarabisch.nl	 www.vanaliftotarabisch.nl	 www.vanaliftotarabisch.nl
أَقْمِصَةٌ	فَسَاتِينُ	سَرَاوِيلُ
 www.vanaliftotarabisch.nl	 www.vanaliftotarabisch.nl	 www.vanaliftotarabisch.nl
زُهُورٌ	يَتَوَضَّأُ	يُصَلِّي
 www.vanaliftotarabisch.nl	 www.vanaliftotarabisch.nl	 www.vanaliftotarabisch.nl

MAANDAG
DINSDAG
Jan 2019
Jan 2019

 قَدِيمٌ

www.vanaliftotarabisch.nl

 طَوِيلٌ

www.vanaliftotarabisch.nl

 قَصِيرٌ

www.vanaliftotarabisch.nl

 جَدِيدٌ

www.vanaliftotarabisch.nl

 قَرِيبٌ

www.vanaliftotarabisch.nl

 بَعِيدٌ

www.vanaliftotarabisch.nl

 وَاسِعٌ

www.vanaliftotarabisch.nl

 ضَيِّقٌ

www.vanaliftotarabisch.nl

الْإِثْنَيْن

 www.vanaliftotarabisch.nl 

 قَلِيلٌ

www.vanaliftotarabisch.nl

 كَثِيرٌ

www.vanaliftotarabisch.nl

الثُّلَاثَاءُ

www.vanaliftotarabisch.nl 

STOP

يَعْمَلُ

يُرَاجِعُ

يَسْكُنُ

نُقُودٌ

يَمْشِي

يَقِفُ

يَسِيرُ

WOENSDAG
DONDERDAG
VRIJDAG
ZATERDAG
ZONDAG

الْأَرْبِعَاءُ

الْخَمِيسُ

الْجُمُعَةُ

السَّبْتُ

الْأَحَدُ

سَمَكٌ

يَقْطَعُ

إِبْرِيقٌ

مِلْعَقَةٌ

شَوْكَةٌ

سِكِّينٌ

عَصِيرٌ

EEN DIEPERE DUIK NEMEN IN ARABISCH?

Proficiat!

We zijn zo trots op je dat je de cursus hebt afgerond, Alhamdoelillaah!
Nu kan je al aardig Arabisch begrijpen en gebruiken.
Nu wil je zeker verder om Arabisch beter te spreken en verstaan.

"Niveau 4: Dieper In De Taal" is hiervoor je perfecte hulpmiddel.
Diepgaandere teksten, een duik in grammatica, gesprekken voeren en leuke
gesprekken.

Compleet met boek, filmpjes, spelletjes, oefeningen en quizzen, en begeleiding van
de docente. Geheel in je eigen tijd en op je eigen tempo.

Bezoek de website:
www.vanaliftotarabisch.nl/niveau-4

Je kunt ook direct contact met ons opnemen:
contact@vanaliftotarabisch.nl

Of app ons via WhatsApp:
+212 6 03 70 14 58 (Jasmina)

Alle vragen, opmerkingen of feedback
zijn van harte welkom.

Moge Allah je veel succes schenken
in het leren van Arabisch!

DE REDACTIE

ONZE ONLINE CURSUSSEN + BOEKEN

ARABISCH MET PLEZIER VOOR KINDEREN – DEEL 1

Leer spelenderwijs de letters van het Arabische alfabet met fatha (a-klank). Letters herkennen, lezen & schrijven.

Voor ongeveer 3-7 jaar.

ARABISCH MET PLEZIER VOOR KINDEREN - DEEL 2

Boordevol oefeningen en spelletjes voor de overige klanken, lange klanken, woordjes lezen, etc.

Voor ongeveer 4-8 jaar.

QOR´AAN MET TADJWIED CURSUS

Gratis cursus om correct de Qor´aan te leren reciteren.

VAN ALIF TOT ARABISCH ONLINE CURSUSSEN + BOEKEN KINDEREN EN VOLWASSENEN

NIVEAU 1 – LEZEN & SCHRIJVEN
Dit niveau behandelt hetzelfde als 'Arabisch met plezier' deel 1 en 2, alleen in een vlugger tempo.

NIVEAU 2 – JE EERSTE WOORDJES.
Leer je eerste woordjes, zinnetjes, verhaaltjes en dialoogjes. Met leuke spelletjes en oefeningen voor kinderen van 5+ en volwassenen.

NIVEAU 3 – EEN STEVIGE BASIS.
Meer verhaaltjes, spelletjes en oefeningen, gesprekken, basis grammatica.

NIVEAU 4 – DIEPER IN DE TAAL.
Diepgaandere teksten, een duik in grammatica, gesprekken voeren en leuke oefeningen.

NIVEAU 5 – ONZE PRACHTIGE TAAL.
Een omvattende cursus voor woordenschat, grammatica en morphologie (sarf) om foutloos Arabisch te lezen, schrijven, begrijpen en spreken.

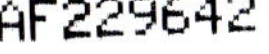